CALLWEY

Lufthansa

ROM

CITY GUIDE

Text und Redaktion
MARIANNE VON WALDENFELS

CALLWEY

Beste Aussichten garantiert: der 47 Circus Roof Garden des Hotels Fortyseven, ganz in der Nähe des Forum Romanum

ROM

Rom – die Ewige Stadt. Keine andere Stadt der Welt ist so reich an Schätzen auf relativ kleinem Raum. Und so voller Grandezza und Lebensfreude. La Dolce Vita – vor über 60 Jahren drehte Federico Fellini sein Meisterwerk. Und noch immer steht der Titel für das italienische, das römische Lebensgefühl. 3000 Jahre alte Geschichte, antike Bauwerke und grandiose Kunst an jedem Eck: vom Forum Romanum und dem Palatin, der Geburtsstätte Roms, bis zum Kolosseum, zum Vatikan mit dem Petersdom und zu den kunsthistorischen Kostbarkeiten der Kapitolinischen Museen. Die großen Baumeister des Barocks, Gian Lorenzo Bernini und Francesco Borromini lebten und bekriegten sich hier auf großer Bühne. Und schufen grandiose Werke wie den Vierströmebrunnen (S. 22) oder der Palazzo Barberini (S. 50). Alle Wege führen nach Rom, lautet ein altes Sprichwort. Wir zeigen Ihnen hier auf jeden Fall viele Wege durch die italienische Hauptstadt. Denn Rom hat noch ganz andere Seiten. Die stillen kopfsteingepflasterten Gässchen, in die sich kaum ein Tourist verirrt, die winzigen Trattorien, in denen (wirklich!) noch Mamma kocht. Uralte Handwerksateliers, die seit vielen Jahrzehnten in Familienbesitz sind. Versteckte Bars, in denen sich die Römer zum Aperitivo treffen. Klar, auch die klassischen Sehenswürdigkeiten kommen in unserem Reiseführer vor, allerdings nur am Rande. Denn sie sind nur ein Ausschnitt von dem, was Rom so einzigartig macht. Wir wollen Ihnen die Stadt auch abseits der bekannten Pfade zeigen, Plätze, die man ohne Hilfe von Insidern kaum findet, und haben deswegen Menschen gefragt, die die Stadt in- und auswendig kennen. Tod's-Besitzer **Diego Della Valle** (S. 72) erzählt uns, wo man authentische römische Küche bekommt und warum die Renovierung des Kolosseums für ihn eine Herzensangelegenheit ist. Top-Model **Bianca Balti** (S. 96) spricht unter anderem von ihren Lieblingsplätzen fürs Dinner, **Lavinia Biagiotti Cigna** (S. 16), Chefin des gleichnamigen Familienunternehmens, erklärt, von welchem Museum aus man den tollsten Blick auf die Stadt hat und wo die besten Vintage-Schmuck-Boutiquen liegen. Roms einziger Drei-Sterne-Koch **Heinz Beck** (S. 58) verrät Lokale, in denen er privat gerne isst, und **Mafalda von Hessen** (S. 46) Läden, in denen man ganz besonders schöne Dinge kaufen kann. Neun Persönlichkeiten erzählen ausführlich von den Orten, die diese Stadt für sie so einzigartig machen: malerische Osterien, versteckte Gassen, einzigartige Museen, glamouröse Boutiquen und originelle Hotels. Wir haben diesen Reiseführer in Viertel aufgeteilt, denn jedes hat seinen ganz eigenen Charakter – von der antiken Pracht im Centro Storico über den Testaccio mit seiner Gastroszene, ein Viertel, das wegen seines früheren Schlachthofs gerne als Bauch von Rom bezeichnet wird, bis zum Campo Marzio mit seinen Nobelboutiquen und -hotels. Und natürlich Monti – das römischste aller Viertel. Lassen Sie sich inspirieren … Viel Spaß in der einzigartigen Ewigen Stadt!

Berauschend: Blick vom Hotel Palazzo Manfredi aufs Kolosseum

INSIDER-TIPP DER CREW

WENN ICH EINE SPÄTTOUR MIT ÜBERNACHTUNG IN ROM HABE, KOMMEN WIR GEGEN MITTERNACHT INS HOTEL. DER NÄCHSTE VORMITTAG IST FREI. DA STEHE ICH FRÜH AUF UND FAHRE UM 7:00 ZUM FONTANA DI TREVI. JETZT HAT MAN DIE SEHENSWÜRDIGKEITEN NOCH GANZ FÜR SICH. VON DORT ÜBER DIE SPANISCHE TREPPE UND DEN PETERSDOM ZU FUSS ZURÜCK ZUM HOTEL. GERN EIN ODER ZWEI CAPPUCCINO INKLUSIVE CORNETTO AUF DEM WEG.

Claus Harder
Pilot

FACTS

VOM FLUGHAFEN IN DIE STADT

Roms wichtigster Flughafen Leonardo da Vinci in Fiumicino liegt etwa 30 Kilometer westlich der Stadt, am Meer. Die schnellste Verbindung in die italienische Hauptstadt: per Leonardo Express alle halbe Stunde nonstop zum Bahnhof Termini, ca. 14 €. Fahrtdauer: etwas über 30 Minuten. Oder mit dem Zug FL 1 via Trastevere und Ostiense zum Bahnhof Tiburtina im Osten der Stadt (fast 50 Minuten). Preis: ca. 8 €. Eine günstigere Alternative: per Bus zum Bahnhof Termini, ca. 6 €. Die Fahrt dauert allerdings etwa eine Stunde. Wer ein Taxi nimmt, muss mit etwa 30 € rechnen.

UNTERWEGS IN ROM

Rom hat drei U-Bahn-Linien, innerhalb des Zentrums ist allerdings der Bus das praktischste Verkehrsmittel. Oder die Straßenbahn, mit der man zum Beispiel wunderbar nach Trastevere fahren kann. Sie hält unter anderem am Kolosseum und am Circus Maximus. Je nach Länge Ihres Aufenthalts am besten das 24-, 48- oder 72-Stunden-Ticket kaufen, das den Transport aller öffentlichen Verkehrsmittel abdeckt. Kinder unter 10 Jahren fahren kostenlos.

BESONDERE TOUREN

Per Vespa wie Gregory Peck und Audrey Hepburn durch die Ewige Stadt? Bei Bici e Baci können Sie sich Roller (ab ca. 65 €/Tag) oder Fahrräder (ab ca. 12,50 €/Tag) ausleihen. Lustige Alternativen: die geführten Touren im alten Fiat 500 (ab ca. 290 €) oder in einer dreirädrigen Ape (ab ca. 290 €, *www.bicibaci.com*). Für Foodies: Die Taste of Testaccio Tour durch den »Bauch von Rom« mit seinen familiengeführten Trattorien und beliebten Marktbuden ist ein echter Hit (*eatingeurope.com*, ca. 80 €)!

3 DINGE, DIE SIE IN ROM UNBEDINGT VERMEIDEN SOLLTEN

① Spontanbesuch berühmter Sehenswürdigkeiten – nerviges Schlangestehen garantiert. Buchen Sie unbedingt Tickets für Attraktionen wie die Vatikanischen Museen oder das Kolosseum vorher online!

② Apropos Kolosseum: Wenn Sie sich mit einem der schmucken verkleideten Gladiatoren, die davor warten, fotografieren lassen, kostet das Geld. Machen Sie vorher einen Preis aus, sonst gibt es Diskussionen!

③ Nie im August nach Rom – Ferienzeit! In diesem Monat verlassen die meisten Römer die Stadt. Viele Geschäfte, Bars oder Restaurants sind deswegen geschlossen.

Prachtvoll nächtigen im ehemaligen Papstpalast an der Piazza Navona: Holy Deer San Lorenzo City Lodge

Magische Monster und ein schiefes Haus: Ausflug in den Parco dei Mostri

hat. Und natürlich sehen Sie Kopien seiner Kunstwerke. Highlight des Museums: das Spiegelkabinett. Tickets am besten vorher online reservieren, die Tour dauert etwa 45 Minuten! Weiterer Museumstipp: das **Explore – Museo dei Bambini di Roma** (*mdbr.it*) in der Nähe der Piazza del Popolo, das wegen seiner interaktiven Ausstellungen bestens geeignet für Kinder unter 12 Jahren ist.

ROM MIT KINDERN

Eine Reise in die Ewige Stadt ist auch mit Kindern eine gute Idee. Hier gibt es das beste Eis der Welt und leckere Pizzerien an jeder Ecke. Dazu ist Rom auch noch wie ein riesiges Museum – Geschichte zum Anfassen. Besonders spannend: frühmorgens (fast) alleine im Vatikan, der Besuch einer Gladiatorenschule und die etwas unheimlichen Katakomben.

IM MUSEUM

In der Nähe des Vatikans erleben Sie mit Ihren Kindern die Werke eines der größten Erfinder aller Zeiten in einer Art Multimediareise. Das **Leonardo da Vinci Experience** (*leonardodavincimuseo.com*) ist ein interaktives Museum, bei dem jeder mitmachen kann. In einem Bereich stehen zum Beispiel kleine Maschinen, die nach den Skizzen des Meisters gebaut wurden. Einige davon darf man ausprobieren. Ein anderer Teil zeigt Waffen, die Da Vinci erfunden

(FAST) ALLEINE IM VATIKAN

Eine tolle Erfahrung, allerdings eher für größere Kinder. Seit einiger Zeit können Sie den **Clavigero,** den Schlüsselwart, morgens um 6 Uhr begleiten, wenn er feierlich die Türen zu den **Vatikanischen Museen** aufsperrt – vom Eingangsportal bis zur Heiligen Pforte, die zur Sixtinischen Kapelle führt. Am Ende der Tour wird im Pinienhof gefrühstückt. Dauer: etwa 90 Minuten (*museivaticani.va*).

UND ... ACTION!

Klingt zwar nach reiner Touristenattraktion, macht aber

gerade Jungs viel Spaß. Seit Russell Crowes Oscar-prämierter Rolle in »Gladiator« boomen die Kurse an der **Gladiatorenschule** Gruppo Storico Romano (*gruppostoricoromano.it*) an der Via Appia Antica, nicht weit vom Kolosseum. In zwei Stunden lernt man alles über Gladiatoren und ihre Kampftechniken. Höhepunkt: Wenn man in Gladiatoren-Rüstung schließlich selber die Schwerter schwingen darf.

UNTER DER ERDE

Die Katakomben gehören zu den spannendsten Sehenswürdigkeiten der italienischen Hauptstadt. Die bekanntesten, die **Calixtus-Katakomben** (*catacombe.roma.it*), die nach Bischof Calixtus I. benannt wurden, liegen an der Via Appia Antica. Die unterirdischen Gänge sind voll von Grabnischen und Grüften, eine halbe Million Christen und 16 Päpste liegen hier begraben. Für Kinder unter zehn eher ungeeignet. Noch älter sind die **Domitilla-Katakomben** (*catacombedomitilla.it*) ganz in der Nähe. Sie sind mit 15 Kilometern die längste unterirdische Grabstätte der italienischen Hauptstadt und bieten auch einen hervorragenden Einblick in die frühchristliche Kunst.

EIS, EIS, BABY

In den meisten Stadtvierteln haben wir unsere Lieblings-Eisdielen empfohlen. Die folgenden lohnen sich auch: **Gelato San Lorenzo** im Viertel San Lorenzo, nicht weit vom Bahnhof Termini (Via Tiburtina 6, *gelatosanlorenzo.com*). Versuchen Sie Zabaione und Zitrone. Die **Gelateria dei Gracchi,** unter anderem mit einer Filiale gleich bei der Piazza del Popolo (Via di Ripetta 261, *gelateriadeigracchi.it*). Highlights: Ricotta mit Birne und Apfel-Zimt. **Gunther Gelato Italiano – Il Punto Gelato,** eine der Eisdielen liegt nicht weit vom Campo de' Fiori (Via dei Pettinari 43, *gunther-gelatoitaliano.com*). Die Eissorten, die der Südtiroler Günther Rohregger kreiert, sind zum Dahinschmelzen. Was Sie unbedingt probieren sollten? Schokolade und Erdbeer-Sorbet!

UNTER FREIEM HIMMEL

Auszeit von den Touristenströmen? Ab in die **Villa Borghese** (S. 50). Hier können Sie Fahrräder oder Segways ausleihen und mit dem Tretboot über den kleinen See schippern. Wer Lust auf einen Trip ans Meer hat: Fahren Sie mit dem Zug ab Roma Termini nach **Fregene,** einem Badeort, der etwa 30 Kilometer entfernt liegt. Angesagtester Strandclub: der Singita Miracle Beach Club (*singita.it*).

AUFREGENDER AUSFLUG

Ein Park voller magischer Monster. Der **Parco dei Mostri** (*parcodeimostri.com*) mit seinen skurilen, riesigen Skulpturen liegt etwa 100 Kilometer weit von Rom beim Dorf Bomarzo. Er wurde im 16. Jahrhundert von Vicino Orsini erschaffen, der ihn »Sacro Bosco«, heiliger Wald, nannte. Zwischen verwunschenen Bäumen und Felsen können Sie gigantische Elefanten, kämpfende Riesen, Drachen und Löwen bewundern. Die meisten der eigenwilligen Kunstwerke sind mit rätselhaften Inschriften versehen. Nach Orsinis Tod wurde der sonderbare Park vergessen und die gewaltigen Ungeheuer von Moos überwuchert. Erst 300 Jahre später wurde der Park wiederentdeckt und in den 50er-Jahren wiederhergerichtet.

Schlummern mit Aussicht: Blick aus einem der Zimmer des angesagten Hotels G-Rough im Centro Storico

8

DINGE, DIE SIE IN ROM TUN SOLLTEN

Ein Mini-Guide von Gabriele Salini, Inhaber des hippen Hotels G-Rough (S. 28)

①

Ein Spaziergang nach Mitternacht, z. B. zum Pantheon oder zum Trevi-Brunnen. Wenn keine Touristen unterwegs sind, wirken die wirklich magisch. Und versäumen Sie nicht den Blick auf Rom von der **Villa Medici** (S. 86) aus, eine Tour durch die Ruinen des **Palatins** (S. 78), die Street-Art am **Tor Marancia** oder ein Konzert bei Nacht in den **Caracalla-Thermen** (S. 90).

②

Durch die Viertel bummeln: das **Rione Parioli,** in dem sich das G-Rough befindet, liegt im Zentrum, wirkt aber noch ursprünglich. **Flaminio** ist eine junge Wohngegend und beherbergt das Auditorium von **Renzo Piano** und das von Zaha Hadid entworfene **MAXXI-Museum** (S. 56); in San Lorenzo lohnt sich ein Atelierbesuch in der **Pastificio Cerere** (*pastificiocerere.it*) und das neue **Soho House Rome** (*sohohouse.com*).

③

Versteckte Juwelen entdecken, wie die **Biblioteca Angelica** an der Piazza Sant'Agostino (*biblioteca-angelica.beniculturali.it*).

④

Einkaufen: zum Beispiel bei **SBU** (*sbu.it*) neben dem G-Rough. Bummeln Sie über die **Via Di Monserrato** (S. 47) mit ihren einzigartigen Shops wie dem von **Fabio Salini** (mein Cousin!, Nr. 18, *fabiosalini.it*), einem tollen Schmuckdesigner, **L'Archivio di Soledad Twombly** (S. 27), **Chez Dédé** (S. 26), **Maison Halaby** (Nr. 21) und mehr …

⑤

Unbekanntere Museen besuchen. Wie das **Centrale Montemartini** (S. 94), früher ein thermoelektrisches Werk, heute ein Museum mit über 400 römischen Skulpturen.

⑥

Ans Meer fahren, nach **Ostia** oder **Fregene** vor der Stadt.

⑦

Gut speisen. Zum Beispiel im **Settimio al Pellegrino** (*settimioalpellegrinoroma.it*), das seit Jahrzehnten in Familienbesitz ist. Oder im **Al Moro** (*ristorantealmoro-roma.com*), einer exquisiten altmodischen Osteria. Wichtig: ein Aperitivo am richtigen Ort, wie z. B. **im Il Goccetto,** (S. 26), Hotspot der Locals.

⑧

Wunderbar übernachten – natürlich im G-Rough. Es liegt nur wenige Schritte von der Piazza Navona und der Piazza Farnese entfernt. Die Architektur spiegelt den bürgerlichen Stil des 17. Jahrhunderts wider. Überall sehen Sie unverputzte Wände mit freigelegten Fragmenten von Skizzen aus vergangenen Jahrhunderten sowie die ursprünglichen Holzbalken und Terrakotta-Böden des Gebäudes. Es war früher das Zuhause meiner Familie.

Gabriele Salini

EVENTS UND TERMINE

JANUAR

Tuffo nel Tevere: Am 1. Januar ist es Tradition, von der Brücke Ponte Cavour in den Tiber zu springen. Ein eiskaltes Spektakel.

Alta Roma: Auf der römischen Fashion Week, die zweimal jährlich stattfindet und von Silvia Venturini Fendi geleitet wird, präsentieren auch viele Newcomer ihre Labels. Dazu werden diverse Workshops und Trunkshows organisiert. Einer der Schwerpunkte: neue nachhaltige Technologien (*altaroma.it*).

Feuerwerk am Tiber mit Blick auf den Petersdom

MÄRZ

Maratona di Roma: Ziemlich sportlich präsentiert sich die italienische Hauptstadt beim beliebten City-Marathon, der an vielen tollen Sehenswürdigkeiten vorbeiführt (*maratonadiroma.it*).

APRIL

Natale di Roma: Die italienische Hauptstadt feiert Geburtstag mit Konzerten und Feuerwerken rund um den 21. April.

Mostra d'Arte dei Cento Pittori: Die kleine interessante Kunstmesse namens »100 Maler der Via Margutta« findet in der malerischen Via Margutta unter freiem Himmel statt. Wahrscheinlich sind es sogar eher mehr als 100 Künstler, vorwiegend aus Italien, die hier ausstellen (*centopittoriviamargutta.it*).

Romics: Comic- und Zeichentrickfestival mit vielen internationalen Gästen – auch viele Cosplay-Fans reisen dafür in die italienische Hauptstadt (*romics.it*).

MAI

Lungo il Tevere: Bis September wird das Ufer des Tibers von Ponte Sisto bis Ponte Sublicio zur sommerlichen Partymeile. Mit Restaurants und Bars, Live-Musik und Theater (*lungoiltevereroma.it*).

JUNI

Silvano Toti Globe Theatre: In der Villa Borghese liegt ein Nachbau des Londoner Globe Theatre. Jeden Sommer stehen hier Stücke von Shakespeare auf dem Programm (*globetheatreroma.com*).

JULI

Festa de Noantri: Volksfest in Trastevere mit Madonnen-Prozession und Abschluss-Feuerwerk am Tiberufer.

SEPTEMBER

Taste of Roma: Highlight für Gourmets! Bei diesem beliebten Foodfestival im Auditorium Parco della Musica können Sie sich vier Tage lang durch die Kreationen von einigen der aufregendsten Köche der Stadt schlemmen (*tasteofroma.it*).

OKTOBER

Festa del Cinema di Roma: Fürs römische Filmfest unter der künstlerischen Leitung von Antonio Monda reist Hollywood gerne an den Tiber beziehungsweise ins Auditorium Parco della Musica (*romacinemafest.it*).

NOVEMBER

Roma Jazz Festival: Seit über 40 Jahren spielen Jazz-Größen in der Ewigen Stadt. Die meisten Konzerte steigen im Auditorium Parco della Musica. Toller Mix aus Newcomern und internationalen Stars (*romajazzfestival.it*).

ZUR EINSTIMMUNG: FILME, SERIEN UND BÜCHER, IN DENEN ROM DIE HAUPTROLLE SPIELT

Michel Piccoli als Papst in der Tragik-Komödie »Habemus Papam«

FILME & SERIEN

Ein Herz und eine Krone: herrliche Schnulze aus dem Jahr 1953, in der der smarte Reporter Joe Bradley (Gregory Peck) einer rebellischen Kronprinzessin (Audrey Hepburn) per Vespa die schönsten Ecken der Ewigen Stadt zeigt. Sightseeing-Tour durch das Rom der 50er-Jahre!
Illuminati: Tom Hanks alias Robert Langdon versucht in Dan Browns Bestsellerverfilmung, eine Intrige zu verhindern, bei der mehrere Kardinale ermordet werden sollen. Drehorte waren unter anderem der Vatikan und die Chigi-Kapelle in der Kirche Santa Maria del Popolo.
La Dolce Vita: Im Mittelpunkt von Federico Fellinis Meisterwerk steht die feine römische Gesellschaft der 50er-Jahre. Legendär ist die Szene, in der Anita Ekberg aus dem Trevi-Brunnen steigt. Außerdem dabei: der damals unbekannte Adriano Celentano und Marcello Mastroianni als Klatschreporter.
La Grande Bellezza – Die große Schönheit: In dem oscarprämierten Werk folgt Regisseur Paolo Sorrentino den Spuren eines alternden reichen Flaneurs und zeigt uns Rom in traumhaften Bildern. Auch Sorrentinos Meisterwerk »Il Divo« über den früheren Ministerpräsidenten Giulio Andreotti ist sehenswert!
Habemus Papam – Ein Papst büxt aus: kluge Komödie von Nanni Moretti, in der der neu gewählte Papst plötzlich Panik vor seiner großen Verantwortung bekommt und aus dem Vatikan flieht.
Suburra: hartes Netflix-Seriendrama um eine Glücksspiel-Oase an der Küste und um das organisierte Verbrechen in und um Rom herum.

BÜCHER

Rom, andere Stadt von Pier Paolo Pasolini. Toller Sammelband über Pasolinis römische Jahre mit verschiedenen Texten, Gedichten, Briefauszügen und Essays, ausgewählt von Annette Kopetzky und Theresia Prammer.
Die Unperfekten von Tom Rachman. Tragisch-komischer Insiderroman über eine internationale Zeitung, die in der Ewigen Stadt den Bach hinuntergeht. Der Autor erzählt episodisch mit viel Herzblut und verknüpft die Handlungsstränge ziemlich geschickt.
Augustus von John Williams. Historischer Roman in Briefform über den Aufstieg des jungen Octavius, des Großneffen Cäsars, zum ersten Kaiser des römischen Reiches.
Die Principessa von Peter Prange. Packender Roman um eine junge Engländerin in Rom im 17. Jahrundert – sie ist einer der Gründe, warum die legendären Barockbaumeister Bernini und Borromini auf ewig zu erbitterten Konkurrenten werden.

LAVINIA BIAGIOTTI CIGNA

Ihre Mutter Laura Biagiotti galt als Königin des Kaschmirs und stand für feminine, tragbare Mode. Ihre Lieblingsfarbe: Weiß. Biagiottis Parfum »Roma« zählt bis heute zu den meistverkauften der Welt. Nach ihrem plötzlichen Tod im Mai 2017 trat ihre Tochter Lavinia ihr Erbe an und rückte an die Spitze des Familienunternehmens, durch dessen Unterstützung auch diverse Sehenswürdigkeiten Roms restauriert wurden, wie zum Beispiel die Brunnen an der Piazza Farnese. Doch Lavinia Biagiotti, eine der jüngsten CEOs der Modewelt, die in Rom geboren ist und das Fashionhaus mit viel Power und Kreativität in die Zukunft führt, hat noch eine weitere Passion: Golf spielen – sie ist auch Präsidentin des weltberühmten Marco Simone Golf & Country Club.

WELCHES VIERTEL LIEGT IHNEN BESONDERS AM HERZEN?

— **Monti** – die alte Suburra: das Gebiet, das zwischen den Hügeln Viminal und Esquilin liegt und auch als römisches Dorf bezeichnet wird. Gönnen Sie sich eine Happy Hour im römischen Stil im **Panella** (Via Merulana 54, *panellaroma.com*). Bummeln Sie durch die Via Panisperna und die Via del Boschetto, dort finden Sie unter anderem Designermöbel und Vintage-Schmuck, zum Beispiel bei **Fabio Piccioni** (Nr. 108), dem erstaunlichsten kleinen Vintage-Schmuckgeschäft der Welt! Besuchen Sie die wunderschöne Kirche **Santa Maria degli Angeli e dei Martiri** (Piazza della Repubblica), die Michelangelo gestaltet hat. Und Sie müssen natürlich durchs Zentrum schlendern, durch die **Via Condotti** – legen Sie eine Pause im **Antico Caffè Greco** (S. 38) ein. Und zur Piazza di Spagna, auf die Via Belsiana und in den **Laura Biagiotti Store** (S. 38)! Kaufen Sie sich unbedingt ein Eis bei **Ciampini** (Piazza di San Lorenzo in Lucina 29, *ciampini.com*).

WAS SOLLTE MAN IN ROM NOCH UNBEDINGT ERLEBEN?

— Machen Sie einen Spaziergang über den **Campo de' Fiori.** Genießen Sie einen echten römischen Sonnenuntergang, am besten von einem der sieben Hügel aus. Und Sie sollten einmal den Blick vom **Scuderie-del-Quirinale-Museum** (Via Ventiquattro Maggio 16, *scuderie-quirinale.it*) genießen. Besuchen Sie die **Kapitolinischen Museen** (S. 78) und machen Sie ein Selfie auf der Caffarelli-Terrasse mit ihrem herrlichen Blick. Und Sie sollten sich am Tiber verlieben: allerdings nicht nur in einen Menschen, sondern auch in die Stadt, die sich dem Wasser hingibt. Das Wort Roma bedeutet auch die »Stadt des Flusses« und der Tiber ist das Zentrum der Stadt. Apropos Wasser: Die Herrlichkeit des Wassers erleben Sie auch an der **Piazza Farnese** mit ihren beiden Farnese-Brunnen aus Granit, die aus den Caracalla-Bädern stammen. Im Jahr 2007 hat unser Unternehmen diese restauriert.

WOHIN GEHEN SIE GERNE ZUM LUNCH?

— Für eine Pizza auf die Hand sehr gerne auf den **Campo de' Fiori.** Auch toll: die **Pizzeria Ai Marmi** (Viale di Trastevere 53) in Trastevere.

IHR TIPP FÜRS DINNER?

— Etwas ganz Besonderes ist ein Abendessen im **La Pergola** (S. 58) bei Heinz Beck. Ein atemberaubender Blick auf die Ewige Stadt, dazu geniale und kreative Fusion-Cuisine.

WELCHES LOKAL EMPFEHLEN SIE AUSSERDEM?

— Wenn Sie Tee mögen, dann ist das **Babingtons** dafür wirklich eine erstklassige Adresse (Piazza di Spagna 23, *babingtons.com*).

WAS VERBINDET SIE MIT DER EWIGEN STADT?

— Meine Beziehung zur Kunst begann in meiner Kindheit, diese Liebe (Rom ist seit Jahrtausenden die Wiege der Kunst) wurde mir von klein auf vermittelt. Meine Mutter Laura war

Sterneküche im exquisiten Lokal La Pergola

eine leidenschaftliche Archäologin und Expertin für Architektur und Malerei. Gemeinsam sind wir oft durchs wunderbare Rom spaziert und haben uns über die Pracht und diese einzigartige Atmosphäre gefreut. Die Neugier und der Durst dieser frühen Jahre nach Kunst und Kultur stecken noch immer in mir. Nach dem Abitur mit Schwerpunkt auf den humanistischen Fächern begann ich im Modehaus zu arbeiten. Mein Handwerk verdanke ich der Lehre und Liebe meiner Mutter.

WAS INSPIRIERT SIE HIER? ___

___ Unser Parfum »Romamor« duftet nach der Schönheit der Stadt, nach einem Spaziergang vom **Forum Romanum** zu den **Treppen des Kapitols**. Kunst als Erlebnis der Sinne trägt viel zu unserem Verständnis von Kreativität bei. Zu unserem Duft »Roma« kann ich Ihnen sagen: Die Kreation eines Parfums bedeutet, an eine Essenz zu denken. Ein Parfum ist eine Welt für sich. Wenn Sie im Forum Romanum bummeln, können Sie den alten Marmor, den Travertin und das Grün der Natur riechen. Darin liegt das Geheimnis.

IHRE LIEBSTE BOUTIQUE? ___

___ »Die Schönheit Roms spiegelt sich in denen wider, die sie betrachten«, sagte meine Mutter immer. Die Eröffnung des **Laura Biagiotti Flagship Store** in der Via Belsiana wurde von ihrer Vision Roms inspiriert. Die Boutique wurde nach dem lateinischen Konzept »Spatium« erschaffen: Mode steht im Mittelpunkt, das Schnelle koexistiert mit dem Langsamen, jeder kann Einkaufen hier auf seine Art erleben. Sie werden auch überall im Laden Symbole finden, die die Geschichte der Marke erzählen und die Ewige Stadt in vielen Aspekten aufgreifen: die monumentale Treppe mit ihrer Kerbe, wie bei den großen Säulen; das Laura-Weiß zitiert den römischen Travertin; dazu das Rot, eine weitere ikonische Biagiotti-Farbe, inspiriert von chinesischen Lacken. Und das leichte Kaschmir, ein Garn, das von Laura Biagiotti eine neue Modedimension erhalten hatte und das ihr von der New York Times den Titel »Queen of Cashmere« einbrachte, können Sie hier als wolkenförmige Vorhänge bewundern. Dazu die Illustrationen des großen Meisters René Gruau, die Laura in den 70er-Jahren als Ikone der sich schnell entwickelnden Frauenbewegung darstellen, mit Eleganz und Lebensfreude.

WAS SOLLTE MAN IN ROM IMMER KAUFEN? ___

___ Ein Parfum. Düfte waren schon immer meine liebsten Reisebegleiter. Für mich sind sie Freunde, Vertraute, Ideengeber, die sich auch mit der Zeit nicht verändern. »Roma« von Laura Biagiotti ist mit seiner langen Geschichte zu einem weltweiten Klassiker geworden! Wir haben uns bemüht, »Roma« eng mit der italienischen Kunst und Kultur zu verknüpfen. Die Marke »Made in Italy« muss eine starke, einzigartige und unwiderstehliche Botschaft vermitteln. «Roma» hat meiner Mutter Laura und mir auch wirklich so viel gegeben, und wir haben versucht, etwas zurückzugeben: Indem wir durch die Unterstützung von Laura Biagiotti Parfums Michelangelos **Cordonata,** die Freitreppe auf dem Kapitol, restauriert haben. Diese prächtige Treppe hat für mich einen ganz besonderen Wert. Sie ist ein Ort, an dem man durch die Zeit zurückreist, und die Zeit hat in der Ewigen Stadt ihre eigene Geschwindigkeit, anders als an jedem anderen Ort.

IHRE TIPPS ZUM RELAXEN? ___

___ Spielen Sie eine Runde Golf im **Marco Simone Golf & Country Club** (*golfmarcosimone.com*). Er ist der offizielle Austragungsort des Ryder Cups 2022. Was in dieser unberührten Ecke in der ländlichen Umgebung Roms außerdem toll ist: der Blick auf die Burg Marco Simone und auf die Kuppel des Petersdoms, beides begleitet die Spieler bei ihren Golfabenteuern in dieser herrlichen Natur.

WAS DARF MAN AUSSERDEM NICHT VERPASSEN? ___

___ Besuchen Sie ein Konzert im **Auditorium Parco della Musica** (Via Pietro di Coubertin 30, *auditorium.com*). Das Auditorium Parco della Musica steht für eine anspruchsvolle musikalische Architektur und ein außergewöhnliches städtebauliches Upgrade. Außerdem ist es natürlich eine Art Kulturfactory der Stadt. Gucken Sie ins Programm – beeindruckende, sehr vielseitige Konzerte, Filmpremieren, Theateraufführungen, Kunstausstellungen, Literaturfestivals und Ausstellungen.

1—Pantheon
2—Gammarelli
3—Pigna Enoteca di Sardegna
4—Sant'Eustachio Il Caffè
5—Piazza Navona
6—Hannau Gallery
7—Etablì
8—Retropose
9—Campo de' Fiori
10—Caffè Perù
11—Palazzo Sacchetti
12—Barnum Café
13—Coromandel
14—Salumeria Roscioli
15—Da Francesco
16—Forno
17—Supplizio
18—Clorofilla Cucina & Distillati
19—Il Pagliaccio
20—Pierluigi
21—Enoteca Il Piccolo
22—Il Goccetto
23—Salotto42
24—The Jerry Thomas Project
25—Chez Dédé
26—L'Archivio di Monserrato
27—Society Limonta
28—Dorothy Circus Gallery
29—Galleria Lorcan O'Neill
30—Museo Mario Praz
& Museo Napoleonico
31— G-Rough

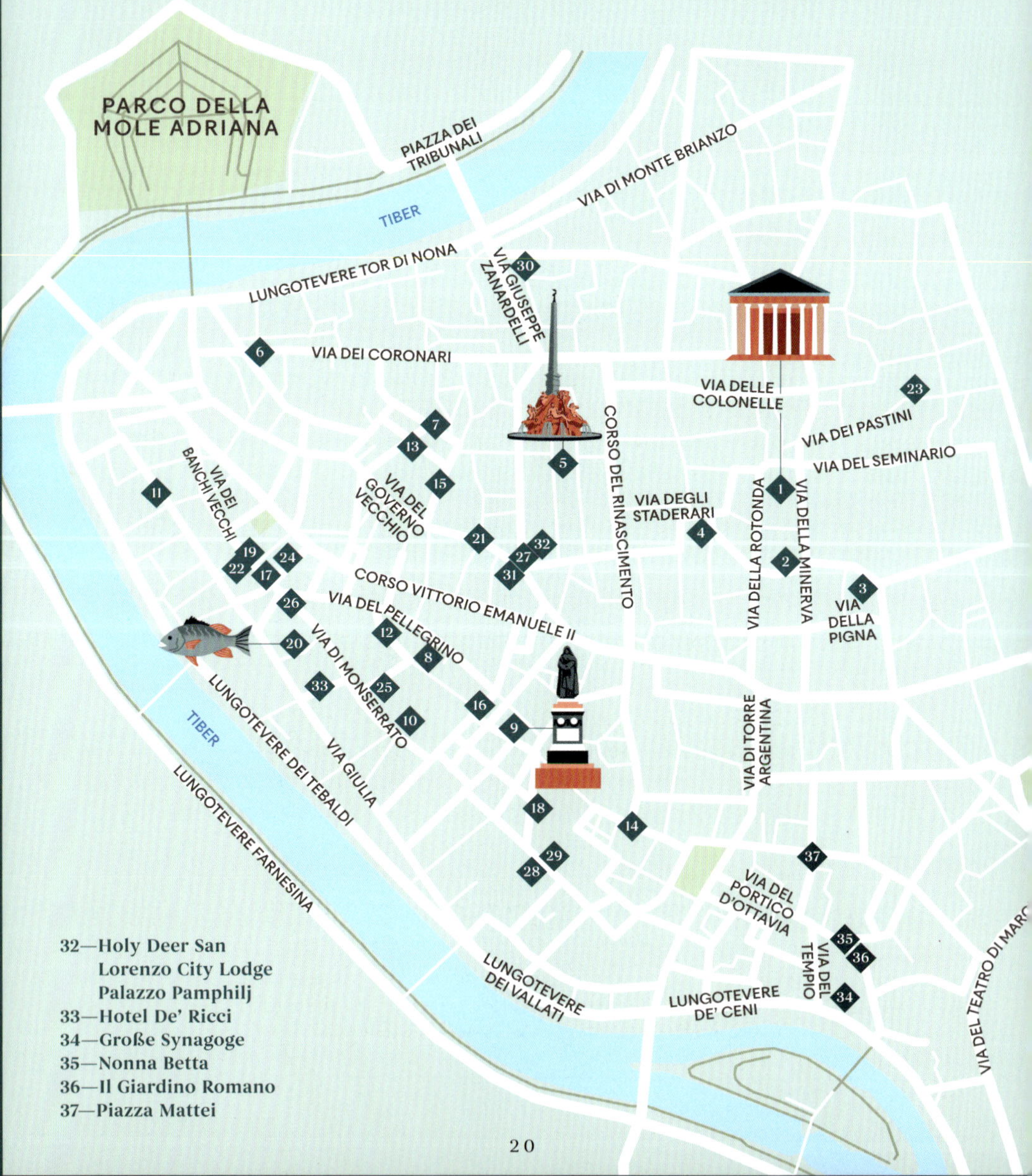

32—Holy Deer San
Lorenzo City Lodge
Palazzo Pamphilj
33—Hotel De' Ricci
34—Große Synagoge
35—Nonna Betta
36—Il Giardino Romano
37—Piazza Mattei

TOUR

1

CENTRO STORICO

Das Herz der römischen Altstadt ist die prächtige Piazza Navona mit ihren weltberühmten Brunnen und geschäftigen Cafés, mit den schmalen kopfsteingepflasterten Gassen, den Sträßchen mit kleinen Kirchen, prachtvollen Fassaden und versteckten Plätzen, die sich wie ein Labyrinth um sie herumziehen. Nirgendwo sonst in der Stadt herrscht eine so hohe Dichte an Restaurants und Bars, von der einfachen Enoteca übers Sterne-Restaurant bis zum poshen Cocktail-Hangout. Weitere Attraktionen der Gegend sind das Pantheon, der einzige erhaltene Kuppelbau der Antike, und der Campo de' Fiori mit seinem Obst- und Gemüsemarkt.

VOM PANTHEON ÜBER DIE BELIEBTE PIAZZA NAVONA MIT IHREN BERÜHMTEN BRUNNEN ZUM LEBHAFTEN CAMPO DE' FIORI UND ZUR VIA GIULIA

Startpunkt ist das ⟨1⟩ **Pantheon** an der Piazza della Rotonda. Der Tempel Hadrians war einst den römischen Göttern geweiht, im Jahr 608 wurde er in eine christliche Kirche umgewandelt. Die prachtvolle Kuppel war früher die größte der Welt: Durch den Oculus, ein Loch in der Kuppelmitte mit fast neun Metern Durchmesser, strömt das Licht in den Innenraum des monumentalen Gebäudes. Nehmen Sie die Via della Minerva an der Ostseite in Richtung Süden, wo sie zur Via dei Cestari wird. Kurzer Schlenker nach rechts zu ⟨2⟩ **Gammarelli** (Via di Santa Chiara 34), dem Schneider der Päpste. Hier kauft auch André Leon Talley, ehemaliger Editor-at-Large der US-Vogue, seine Strümpfe. Für eine Snackpause links abbiegen in die Via della Pigna. Kehren Sie in der charmanten ⟨3⟩ **Pigna Enoteca di Sardegna** (Via della Pigna 3/3a) ein – einem sardischen Feinkostladen mit Minibistro. Zurück über die Via della Pigna und die Via dell'Arco della Ciambella. Rechts abbiegen in die Via di Torre Argentina. Links auf die Via di Santa Chiara und wieder links auf die Piazza di Sant' Eustachio. Auf einen Espresso ins ⟨4⟩ **Sant' Eustachio Il Caffè** (Piazza di Sant'Eustachio 82), danach über die Via dei Sediari zur ⟨5⟩ **Piazza Navona,** einem der großartigsten Plätze der Welt. Blickfang: Gian Lorenzo Berninis Brunnen Fontana dei Quattro Fiumi – der Vierströmebrunnen: Er stellt die Flüsse Nil, Ganges, Rio de la Plata und Donau dar. Ihn überschaut die Kirche Sant'Agnese, erschaffen von Berninis großem Konkurrenten Borromini. Verlassen Sie die Piazza am Nordende über die Piazza di Tor Sanguigna. Nehmen Sie die Via dei Coronari mit ihren kleinen Shops in Richtung Westen. Auf der Suche nach Möbeln? Folgen Sie der Straße bis zur Piazza Coronari und lassen Sie sich in der ⟨6⟩ **Hannau Gallery** (Nr. 116/117) inspirieren, die für ihre Interior- und Kunstobjekten aus Art déco und Biedermeier bekannt ist. Wenn nicht, links in die Via della Vetrina abbiegen und weiter auf den Vicolo delle Vacche. Wer Lust hat, kehrt bei ⟨7⟩ **Etablì** (Nr. Nummer 9) ein, einem beliebten, im Retro-Style eingerichteten Lokal, in dem sich sowohl Frühstück als auch Aperitivo lohnen. Rechts über die Piazza del Fico und die Via dell Corallo in die Via del Governo Vecchio mit ihren kleinen Boutiquen. Rechts in die Via Sora abbiegen und den großen Corso Vittorio Emanuele II überqueren. Danach links abbiegen auf die Via Pellegrino. Neue Tasche gefällig? Versuchen Sie Ihr Glück bei ⟨8⟩ **Retropose** (Nr. 60), bevor Sie zum ⟨9⟩ **Campo de' Fiori** mit seinem allmorgendlichen Markt kommen. Wer weiter shoppen möchte, kann von hier über die Einkaufsstraße Via dei Giubbonari in Richtung Südosten spazieren. Rechts abbiegen in die Via dell'Arco del Monte. Und wieder rechts in die Via di Capo Ferro. Weiter über die Piazza Farnese in die Via Monserrato mit ihren originellen Läden wie L'Archivio di Monserrato (S. 27). Ein wunderbar altmodischer Nachbarschaftstreff ist das ⟨10⟩ **Caffè Perù** (Nr. 46). Tipp: Bummeln Sie über die Via Giulia, die in westlicher Richtung parallel verläuft. Sie ist mit ihren eleganten Palästen und Galerien eine der prächtigsten Straßen Roms. Im ⟨11⟩ **Palazzo Sacchetti** in Nr. 66 hatte die Schriftstellerin Ingeborg Bachmann ihren letzten Wohnsitz.

Rechte Spalte, im Uhrzeigersinn: Auch die Küche ist im Hotel De' Ricci auf hohem Niveau. Das Wohnzimmer der Holy Deer San Lorenzo City Lodge beeindruckt mit einmaligen Fresken. Hotspot der Arty People: die Galleria Lorcan O'Neill

Linke Spalte: Tolle Taschen, made in Roma, finden Sie in der Boutique Retropose (oben). Blick von der Terrasse der Penthouse-Suite des G-Rough-Hotels (unten)

ESSEN UND TRINKEN

FRÜHSTÜCK

⑫ Barnum Café
Via del Pellegrino 87
barnumcafe.com
Gemütliches Café in der Nähe des Campo de' Fiori mit Holztischen, shabby Stühlen und außergewöhnlich köstlichem Kaffee. Die Eierspeisen zum Frühstück sind sehr zu empfehlen, die kleine Lunchkarte wechselt alle paar Tage. Auch für den Aperitivo eine super Option!

⑬ Coromandel
Via di Monte Giordano 60/61
coromandel.it
Dieses mit geschmackvollen Vintage-Möbeln eingerichtete Lokal ist ein Klassiker zum Frühstücken und einer der Lieblingsplätze der Gastro-Szene: Die Eggs Benedict mit Avocado sind köstlich, ebenso wie der French Toast mit Früchten und Ahornsirup. Dazu einen Gianduja-Smoothie und Sie sind fit für die ausgiebigsten Entdeckungstouren.

LUNCH

⑭ Salumeria Roscioli
Via dei Giubbonari 21
salumeriaroscioli.com
Die beiden Brüder Alessandro und Pierluigi Roscioli verwandelten den väterlichen Laden in einen genialen Mix aus Feinkostgeschäft, Restaurant und Weinbar. Hier verführen Sie exquisite Käse- und Wurstsorten, geräucherter Fisch, grandiose Pasta und feine kleine Gerichte. Natürlich werden exzellente Weinsorten dazu ausgeschenkt. Gleich um die Ecke des Campo de' Fiori.

⑮ Da Francesco
Piazza del Fico 29
dafrancesco.it
Simple Trattoria in der Nähe der Piazza Navona: Hier wird gekocht wie bei Mamma! Höhepunkte: die knusprige Pizza mit sehr dünnem Boden, »Pasta Cacio e Pepe« und Fleischgerichte wie »Saltimbocca alla romana«. Sehr beliebt bei römischen Familien. Das Personal ist immer höchst aufmerksam und hilfsbereit!

⑯ Il Forno
Campo de' Fiori 22
fornocampodefiori.com
Für viele ist diese kleine Bäckerei eine der besten Adressen der Stadt für Pizza Bianca: einfacher Pizzateig, mit Salz bestreut und mit Öl beträufelt. Wenn sie gerade aus dem Ofen kommt, schmeckt sie am besten. Zeigen Sie dem Bäcker einfach nur, wie viel Sie möchten – bezahlt wird nach Gewicht an der Kasse.

⑰ Supplizio
Via dei Banchi Vecchi 143
supplizioroma.it
Sie können Rom nicht verlassen, ohne einmal typisches Streetfood gekostet zu haben: »Supplì«, frittierte Reisbällchen mit diversen Füllungen. Im Supplizzio werden diese Leckereien nach Rezepten des römischen Spitzenkochs Arcangelo Dandini hergestellt. Versuchen Sie auf jeden Fall »Cacio e Pepe« und Carbonara.

DINNER

⑱ Clorofilla Cucina & Distillati
Vicolo delle Grotte 17
clorofillacucinaedistillati.it
Cooles Dschungelflair, nicht weit weg vom Campo de' Fiori: Das Clorofilla ist ein ziemlich neues, von Backsteinwänden und üppigem Grün dominiertes Restaurant mit angesagter Cocktailbar. Küchenchef Gianmarco Iorio serviert römische Küche mit raffiniertem Twist. Auch die stetig wachsende Cocktailkarte ist ziemlich aufregend: Jeder Drink ist nach einer Pflanze benannt. Donnerstags steht Livemusik auf dem Programm.

⑲ Il Pagliaccio
Via dei Banchi Vecchi 129/a
ristoranteilpagliaccio.com
Mit zwei Sternen gekröntes Restaurant (gehört zu Relais & Chateaux) von Anthony Genovese, der sich im Hotel Palazzo Sasso in Ravello seinen ersten Stern erkochte. Genovese ist ein Genie am Herd – er verbrachte seine Lehrjahre unter anderem in London und Tokio. Seine zum Teil ungewöhnlichen Kreationen lassen Foodieherzen höherschlagen. Und die Klingel an der Tür verleiht dem Restaurant schon beim Eintreten einen noblen Touch.

⑳ Pierluigi
Piazza de' Ricci 144
pierluigi.it
DER Place to be in Rom: Hier speisten schon Barack Obama und Hillary Clinton.

Wer römische Streetfood-Spezialitäten probieren möchte, muss ins Supplizio!

Das Pierluigi ist seit Jahren eine Lieblingsadresse der hippen europäischen Society. Spezialität des Hauses: Fisch und Meeresfrüchte in allen Varianten. In den warmen Monaten genießen Sie Ihr Dinner auf einer malerischen Piazza umgeben von alten Stadthäusern.

DRINKS UND AUSGEHEN

21 Enoteca Il Piccolo
Via del Governo Vecchio 74–75
Authentische kleine Weinbar, in der man sowohl draußen als auch drinnen sehr gemütlich sitzen kann. Auf dem Menü stehen auch ein paar schnelle Gerichte und nahrhafte Snacks wie Salami und Käse. Die »Spaghetti Cacio e Pepe« waren hervorragend.

22 Il Goccetto
Via dei Banchi Vecchi 14
Historische Weinhandlung gegenüber vom Il Pagliaccio mit hervorragendem Angebot, seit Jahren beliebter Treffpunkt vinophiler Locals. Am schönsten sitzt man auf den Stufen vor dem Laden. Auf einer Tafel stehen die täglichen Wein-Empfehlungen, dazu können Sie sich einfache, schmackhafte Antipasti wie Lachs oder Artischocken bestellen.

23 Salotto42
Piazza di Pietra 42
salotto42.it
Schick, glamourös und trotzdem lässig. Gleich gegenüber von den Säulen des Hadrianstempels, an einer entzückenden Piazza, trifft sich die hippe römische Fashioncrowd allabendlich in dieser Loungebar. Gut zu wissen: Am Aperitivo-Büfett der Bar können Sie sich bis 21:30 Uhr bedienen.

24 The Jerry Thomas Project
Vicolo Cellini 30
thejerrythomasproject.it
Einmalige, hochgelobte Speakeasy-Bar im Retro-Style, in die man allerdings nur mit einem aktuellen Passwort Zutritt erhält. Reservieren Sie unbedingt vorher per Telefon, täglich zwischen 14 und 18 Uhr, das Passwort finden Sie am Tag Ihres Besuchs auf der Homepage. Der Aufwand lohnt: coole intime Atmosphäre mit schummrigem Licht und einzigartige Cocktails, die man sonst nur selten serviert bekommt.

EINKAUFEN

25 Chez Dédé
Via di Monserrato 35
Chezdede.com
Geschmackvoller Conceptstore von Daria Reina und

Stoff zum Träumen: Society Limonta

Andrea Ferolla in der Nähe des Palazzo Farnese mit einem einzigartigen Mix an Mode, Kunst und Interior. Zum Mitreden: Die Taschen, die die beiden entwerfen, sind in der römischen Gesellschaft beliebte Statement-Pieces (wir lieben Le Grand Sac!), außerdem finden Sie hier ausgesuchte Haben-Will-Stücke von In-Marken wie Astier de Vilatte, La Double J, Les Ottomans und John Derian.

26 L'Archivio di Monserrato
Via di Monserrato 150
soledadtwombly.com
Eine der schönsten Boutiquen der Ewigen Stadt: Zusätzlich zu ihrer eigenen bezaubernden Kollektion verkauft Soledad Twombly, argentinische Designerin und Schwiegertochter des legendären Künstlers Cy Twombly, Kostbarkeiten, die sie von ihren Reisen mitbringt, wie antike Teeservice, Möbel aus Usbekistan, ausgefallene Kunstobjekte und Vasen aus Tibet.

27 Society Limonta
Piazza di Pasquino 4
societylimonta.com
Spontan-Verschönerung für Ihr Zuhause erwünscht? Traumhafte Bett- und Tischwäsche, bestickte Kissenbezüge, Decken und Tücher gleich ums Eck von der Piazza Navona. Dazu eine hübsche Auswahl an Handtüchern, Leinentops und Taschen.

Ausstellung in der Dorothy Circus Gallery

KUNST UND KULTUR

28 Dorothy Circus Gallery
Via dei Pettinari 76
dorothycircusgallery.com
Alexandra Mazzanti hat die Galerie 2007 gegründet und sie nach der Hauptdarstellerin in The Wizard of Oz benannt. Auf der Suche nach den »Grenzen zwischen New York und Wonderland« zeigt Dorothy Circus Werke von Pop-Surrealisten und Avantgarde-Künstlern wie Jonathan Viner, Ron English, Alex Gross und Joe Sorren.

29 Galleria Lorcan O'Neill
Vicolo dei Catinari 3
lorcanoneill.com
Beliebt bei Artys: Im historischen Palazzo Santacroce aus dem 17. Jahrhundert hat diese beeindruckende, 2003 gegründete Galerie ihre Heimat. Zu den zeitgenössischen Künstlern, die sie vertritt, gehören unter anderem Tracey Emin, Sam Taylor-Johnson und Anselm Kiefer.

30 Museo Mario Praz & Museo Napoleonico
Via Zanardelli Guiseppe 3, Piazza Ponte Umberto I
museonapoleonico.it
Das kostenlose kleine Museum im Palazzo Primoli wirkt wie eine Privatwohnung, die der Besitzer nur kurz verlassen hat. Die Sammlung des Literaturprofessors und Schriftstellers Mario Praz zeigt über 1200 Stücke aus der Zeit zwischen 1790 und 1840, darunter wertvolle Gemälde und Möbel. Im Erdgeschoss des Palazzos

(allerdings liegt der Eingang an der Piazza Ponte Umberto I), kann man in elf Räumen einige Besitztümer der Bonapartes besichtigen, zum Beispiel Porträts des Kaisers, Kleidungsstücke, Briefe und Möbel.

Im Retrostil: Hotel De' Ricci

SCHLAFEN

31 G-Rough
Piazza di Pasquina 69
g-rough.com
In einem Palast aus dem 17. Jahrhundert hat Gabriele Salini (S. 13) ein außergewöhnliches Hotel erschaffen und es mit viel Geschmack eingerichtet: Moderne Kunst meets unverputzte Wände, alte Holzdecken bilden einen interessanten Kontrast zu italienischen Designklassikern, zum Beispiel von Gio Ponti. Und eingecheckt wird herrlicherweise an einer Bar statt an einer Rezeption. Suite ab ca. 330 €.

32 Holy Deer San Lorenzo City Lodge
sanlorenzolodges.com
Ultra-Luxus im Herzen der Stadt. Direkt an der Piazza Navona liegt diese sehr extravagante Unterkunft. Und zwar im Palazzo Pamphilj, der ehemaligen Privatresidenz des mächtigen Papstes Innozenz XI., der sich dort mit seiner heimlichen Geliebten, seiner Schwägerin Olimpia Pamphilj, traf. Seit 2018 können Sie sich hier einmieten – in einer 350 Quadratmeter großen Wohnung der Luxusklasse. Die Einrichtung: eine Mischung aus Barock und zeitgenössischem Design. Eines der beiden Schlafzimmer, die hochherrschaftliche Stanza del Papa, blickt auf die Piazza Navona, im En-suite-Badezimmer steht ein mit goldenen Mosaiken eingefasster Whirlpool. Und: Sie schlummern unter einem imposanten Fresko, das der Maler Allegrini erschaffen hat. Ab ca. 5000 €/Nacht.

33 Hotel De' Ricci
Via della Barchetta 14
hotelethericci.com
Kleines Juwel mit nur acht Suiten in einem Palazzo an einem kopfsteingepflasterten Sträßchen. Im ganzen Haus wird das Thema Wein großgeschrieben, von hauseigenen Sommeliers über private Weinverkostungen bis zur luxuriösen Ausstattung der Hotelbar. In den Zimmern stehen Antiquitäten, die Wände sind mit kunstvollen Tapeten geschmückt, die Bäder mit Produkten von Francis Kurkdjian ausgestattet. Vier der Suiten haben eine eigene Terrasse. Weiteres Plus: Die wunderbar altmodisch gestylte Hotelbar Charade serviert einen tollen Aperitivo. DZ ab ca. 350 €.

EXTRATIPP

Unternehmen Sie einen Rundgang durch das ehemalige Ghetto, das kleine jüdische Viertel, eine der stimmungsvollsten Gegenden der Ewigen Stadt. Starten Sie an der prächtigen **34 Großen Synagoge** (Lungotevere Cenci) und nehmen Sie sich etwas Zeit für das äußerst lehrreiche angeschlossene Museo Ebraico (*museoebraico.roma.it*), das die Geschichte der Juden in Rom erzählt. Bummeln Sie danach über die Lebensader des Viertels, die geschäftige Via Portico d'Ottavia mit ihren kleinen Läden und koscheren Lokalen. Kehren Sie auf jeden Fall bei **35 Nonna Betta** (Nr. 16) ein und bestellen Sie frittierte Artischocken und Pasta. Oder im **36 Il Giardino Romano** (Nr. 18), wenn Sie lieber Fisch mögen. Auch sehenswert: die **37 Piazza Mattei** mit ihrem Schildkrötenbrunnen.

Jede der Suiten des außergewöhnlichen G-Rough-Hotels ist sehr stilsicher mit Möbeln italienischer Künstler aus den 30er- bis 70er-Jahren eingerichtet.

Einzigartiger Mix aus Design und Historie: Eingang und Bibliothek der Holy Deer San Lorenzo City Lodge

ROBERTO E. WIRTH

Er besitzt eines der berühmtesten Hotels der Welt: das Hassler Roma an der Spanischen Treppe, Lieblingsschlafstätte von Politikern, Künstlern, Schauspielern und Mitgliedern königlicher Familien. Stammgäste sind unter anderem Madonna und Bill Gates. Roberto E. Wirth, Hotelier in fünfter Generation, leitet die Hotellegende seit über 40 Jahren. Was ist das Besondere an dem Haus, in dem Fürstin Gracia Patricia und Fürst Rainier während ihrer Hochzeitsreise abstiegen? Und Audrey Hepburn bis zu ihrem Tod jedes Jahr mehrere Wochen lebte? Der einzigartige Mix aus mondäner Eleganz, Stil und hochkarätigem Service, für den der gehörlose Top-Manager Wirth mit seinen Mitarbeitern täglich mit viel Leidenschaft sorgt.

WELCHES IST IHRE LIEBLINGSGEGEND?

Trastevere. Es ist eines der ältesten und typischsten Viertel Roms, viele Künstler kommen gerne hierher. Es ist lebendig, authentisch und farbenfroh.

WOHIN GEHEN SIE GERNE ZUM FRÜHSTÜCKEN?

Mein Lieblingsort zum Frühstücken in Rom ist das Hassler, aber natürlich gibt es auch andere Orte, die ich sehr mag. Zum Beispiel das **Coromandel** (S. 24), das klein und gemütlich ist und sehr leckere Eier serviert. Und das **La Buvette** (Via Vittoria 44/47, *ristorantedilla.it*) wegen der Lage und des guten Service.

Ziemlich köstlich: Speisen im Coromandel

IHRE TIPPS FÜR DEN LUNCH?

Zum Mittagessen gehe ich oft in die **Hostaria Da Pietro** (Via di Gesù e Maria 18, *hostariadapietro.it*) und zu **Da Francesco** (S. 25), da beide zentral gelegen sind und der Service wirklich sehr nett ist. Ich schätze auch das **Ristorante Babette** (S. 40) wegen der originellen Speisekarte und der Möglichkeit, »al fresco«, draußen, zu essen. Mein absolutes Lieblingsgericht, »Gnocchi alla Romana«, ist leider heutzutage sehr schwer zu finden.

WO KANN MAN AM BESTEN ZU ABEND ESSEN?

Meine erste Wahl in Rom ist das **Imàgo** im Hassler wegen des tollen Essens und der einzigartigen Aussicht über Rom und über die Spanische Treppe. Ich schätze auch das **Pierluigi** (S. 25), wo man köstliche Fischgerichte schlemmen und draußen sitzen kann. Das **Ristorante Nino** (Via Borgognona 11, *ristorantenino.it*) empfehle ich wegen seiner großartigen traditionellen toskanischen Küche.

IHRE LIEBLINGSORTE FÜR EINEN LATE NIGHT DRINK? WER MISCHT DIE STÄRKSTEN DRINKS?

Zuma (Via della Fontanella di Borghese 48, *zumarestaurant.com*) und **Salotto42** (S. 26) für Ambiente und Atmosphäre, **Club Derrière** (S. 42) für die stärksten Getränke.

WELCHE SIND DIE BESTEN ORTE, UM IN DIE KUNSTWELT EINZUTAUCHEN?

Ich liebe die **Galleria Borghese** (S. 56), weil schon das Museum selbst ein unglaubliches Meisterwerk ist. Außerdem mag ich die **Galleria Nazionale** (S. 50) und die **Galleria d'Arte Moderna e Contemporanea** (S. 55), das **MAXXI** – Museo Nazionale delle Arti del XXI Secolo (S. 56), das **MACRO** – Museo d'Arte Contemporanea Roma (Via Nizza 138, *museomacro.it*) und die **Gagosian Gallery** (Via Francesco Crispi 16, *gagosian.com*), da ich ein großer Fan von moderner und zeitgenössischer Kunst bin.

WELCHE SEHENSWÜRDIGKEITEN SIND EIN MUSS?

Ich würde sagen die **Villa Borghese** (S. 50), die **Villa-Torlonia-Museen** (Via Nomentana 70, *museivillatorlonia.it*) und die **Villa Ada** (Via Salaria 267/273/275): drei schöne grüne Oasen voller Kunst und Geschichte. Man sollte auch die **Piazza Navona** (S. 22) und den **Campo de' Fiori** gesehen haben – nicht nur wegen ihrer Schönheit, sondern auch wegen der Atmosphäre dort.

WAS DARF MAN AUSSERDEM NICHT VERPASSEN?

___ Die **Via Margutta** (S. 38) und den **Giardino degli Aranci** (S. 90), beide gehören zur Seele dieser schönen Stadt.

WELCHES IST DAS CHARMANTESTE HOTEL? ___

___ Natürlich das **Hassler** und das **Il Palazzetto:** wegen der Lage, des engagierten Service und der umwerfenden und einzigartigen Aussicht über die Ewige Stadt.

WO KAUFEN SIE GERNE EIN?

___ Ehrlich gesagt mag ich viele der Geschäfte auf der **Via Condotti** (S. 37) und der **Via del Babuino**. Und ich schätze die **Via Margutta** (S. 38) mit ihren Antiquitäten-Läden.

WELCHES THEATER KÖNNEN SIE EMPFEHLEN? ___

___ Ach, da gibt es viele: Das **Teatro Sistina** (Via Sistina 129, *ilsistina.it*), weil es gleich in der Nähe des Hassler liegt. Und auch, weil wir eine großartige Partnerschaft mit meinem gemeinnützigen Verein CABBSS haben, der sich der Unterstützung gehörloser und taubblinder Kinder mit ihren Familien widmet. Ich lege meinen Gästen auch immer das **Auditorium Parco della Musica** (Via Pietro de Coubertin 30, *auditorium.com*) für Konzerte, das **Teatro Argentina** (Largo di Torre Argentina 52, *teatrodiroma.net*) wegen seiner geschichtlichen Bedeutung für Rom sowie das **Teatro dell'Opera di Roma** (1 Piazza Beniamino Gigli, *operaroma.it*) ans Herz. Im Sommer sollten Sie auf jeden Fall meinen Favoriten, die **Caracalla-Thermen** (S. 90), besuchen: Hier werden oft tolle Aufführungen und Konzerte in einer einzigartigen Umgebung geboten.

Echte Schatzkammer: die Galleria Nazionale d'Arte Moderna

WAS SOLLTE MAN IN ROM IMMER KAUFEN? ___

___ Ich empfehle Ihnen, die »alten römischen« Haute-Couture-Läden wie **Battistoni** (Via dei Condotti 61/A, *battistoni.com*) zu besuchen.

WO IN ROM ENTSPANNEN SIE AM LIEBSTEN? ___

___ In der **Villa Borghese** (S. 50). Als ich klein war, bin ich leidenschaftlich gerne mit dem Fahrrad dorthin gefahren, und es ist heute noch mein Lieblingsplatz, wenn ich mich entspannen möchte.

GIBT ES EINEN SPA ODER FRISEURSALON, DEN SIE EMPFEHLEN KÖNNEN? ___

___ Im Hassler haben wir einen großartigen Friseur, den **Rossano Ferretti Salon**, und einen schönen Panorama-SPA namens **Amorvero Spa:** der einzige SPA in Rom mit einem Relaxbereich im Freien, direkt oberhalb der Spanischen Treppe.

WIE WÜRDEN SIE DIE ATMOSPHÄRE DER STADT BESCHREIBEN? ___

___ Das ist echt schwer! Um diese magische Stadt besser zu verstehen, schlage ich Ihnen vor, eine Vespa-Tour zu unternehmen und das zu tun, was die Römer gerne tun.

1—Spanische Treppe / Keats-Shelley House
2—Antico Caffè Greco
3—Laura Biagiotti
4—Palazzo Chigi
5—Fontana di Trevi
6—San Crispino
7—Vitti dal 1898
8—Ara Pacis
9—'Gusto
10—Casa di Goethe
11—Piazza del Popolo
12—Pincio
13—Stravinskij Bar
14—Gente
15—Erica Ravenna
16—Bar Cielo Hotel de la Ville
17—Canova Tadolini
18—Colbert
19—Babette
20—Ginger Sapori e Salute
21—Matricianella
22—Dal Bolognese
23—Imàgo / Hotel Hassler
24—Retro Bottega
25—Baccano
26—Club Derrière
27—Locarno Bar
28—Booktique
29—Mia Home Design Gallery
30—Museo del Chirico
31—Sant'Ignazio di Loyola
32—Casa Montani
33—Casa Fabbrini
34—J. K. Place
35—Margutta 19

TOUR

2

CAMPO MARZIO & TREVI

La Grande Bellezza – der eleganteste Teil Roms. In dieser Gegend rund um die weltberühmte Spanische Treppe und die Via Condotti reiht sich eine Nobel-Boutique an die andere. Wer gerne erstklassig übernachtet, fühlt sich im Viertel bestimmt bestens aufgehoben: Hier haben die luxuriösesten Hotels der Stadt ihr Quartier. Und an jeder Ecke stoßen Sie auf ein exzellentes Restaurant. Außerdem erleben Sie beim Bummeln die Piazza del Popolo, über die die Reisenden aus dem Norden einst in die Stadt kamen, den einzigen klassizistischen Platz der italienischen Hauptstadt, die grandiose Villa Medici und den Palazzo Chigi, Sitz des italienischen Ministerpräsidenten. Nicht weit davon sprudelt ein weiteres Wahrzeichen der Ewigen Stadt: der berühmte Trevi-Brunnen auf dem Quirinale – seit dem Film »Drei Münzen im Brunnen« existiert der Brauch, Münzen in den Brunnen zu werfen, um immer wieder nach Rom zurückkehren zu können.

VON DER PIAZZA DI SPAGNA ÜBER DIE SHOPPINGMEILE VIA CONDOTTI ZUM TREVI-BRUNNEN, ZUR PIAZZA DEL POPOLO UND ZUM PINCIO

Los geht es am Fuße der Spanischen Treppe, am ⟨1⟩ **Keats-Shelley House** (Piazza di Spagna 26), einem Museum, das den Schriftstellern John Keats und Percy Shelley gewidmet ist. Nehmen Sie jetzt die Via Condotti in Richtung Westen, vorbei am ⟨2⟩ **Antico Caffè Greco** (Nr. 86), dem ältesten Café der Stadt, in dem Gogol seinen Roman »Tote Seelen« verfasste. Abstecher nach links, in die Via Belsiana, zum Flagshipstore von ⟨3⟩ **Laura Biagiotti** (Nr. 57). Wenn Sie auf die Via del Corso stoßen, biegen Sie nach links ab, bis Sie zum ⟨4⟩ **Palazzo Chigi** (Piazza Colonna 370) kommen. Jetzt bitte nach links, in die Via delle Muratte, zu einem der berühmtesten Brunnen der Welt, der ⟨5⟩ **Fontana di Trevi.** Er wurde 1732 von Nicola Salvi erschaffen, seinen größten Auftritt hatte er in Fellinis Film-Klassiker »La Dolce Vita«. Tipp: Zur Abkühlung ein Eis bei ⟨6⟩ **San Crispino** (Via della Panetteria 42) holen. Zurück auf die Via del Corso, vor dem Palazzo Chigi nach links über die Piazza Colonna und die Piazza di Montecitorio mit dem Sitz des Parlaments im von Bernini entworfenen Palazzo di Montecitorio. Rechts auf die Via di Campo Marzio abbiegen. Cappuccino-Pause an der Piazza di San Lorenzo in Lucina bei ⟨7⟩ **Vitti dal 1898** (Nr. 33), weiter auf der Via del Leoncino, dann links auf die Via Tomacelli zum ⟨8⟩ **Ara Pacis,** dem Friedensaltar des Augustus, mit dem Museo dell'Ara Pacis von Richard Meier und der Ruine des Augustus-Mausoleums. Verschnaufpause? Gleich zu ⟨9⟩ **'Gusto** (Piazza Augusto Imperatore 28), einem kleinen Lokal gegenüber, in dem sich die Römer gerne zum Aperitivo treffen. Zurück auf der Via del Corso in Richtung Norden gelangen Sie zur ⟨10⟩ **Casa di Goethe** (Nr. 18). Hier war der Dichter von 1786 bis 1788 bei Johann Heinrich Tischbein zu Gast. Das kleine Museum zeigt unter anderem Andy Warhols Porträt des Künstlers. Von dort aus sind es nur ein paar Schritte zur ⟨11⟩ **Piazza del Popolo** mit dem gewaltigen Obelisken in der Mitte – Augustus ließ ihn im Jahre 10 vor Christus nach Rom schaffen. Neben der Porta del Popolo erhebt sich die Kirche Santa Maria del Popolo, Highlight: die Cappella Cerasi links vom Hauptaltar mit zwei Werken von Caravaggio. Nächste Station ⟨12⟩ **Pincio.** Über einen Treppenweg bei der Kirche gelangen Sie auf eine Aussichtsterrasse mit tollem Blick über die Stadt. Gönnen Sie sich jetzt eine Pause – in der noblen ⟨13⟩ **Stravinskij Bar** des Hotel de Russie (Via del Balbuino 9). In den Sommermonaten genießen Sie Ihre Drinks in einem zauberhaften Garten. Bummeln Sie anschließend die Via del Balbuino entlang – wunderbar zum Shoppen. Zum Beispiel im Fashion-Himmel ⟨14⟩ **Gente** (Nr. 77/78, weitere Filialen befinden sich auf Nummer 81 und 185). Als nächstes wird Sie eines der schönsten Sträßchen der Stadt verzaubern: die Via Margutta mit ihren efeubewachsenen Palazzi, kleinen Antikshops und Galerien wie der von ⟨15⟩ **Erica Ravenna** (Nr. 17), die sich auf zeitgenössische Kunst spezialisiert hat. Hier lebte einst Truman Capote. Über die Via del Balbuino in Richtung Norden landen Sie wieder auf der Piazza di Spagna. Noch Energie? Steigen Sie die 136 Stufen der Spanischen Treppe hinauf, am oberen Ende hat sich in einem Palazzo aus dem 18. Jahrhundert das superluxuriöse Hotel de la Ville (Via Sistina 69) einquartiert. Die Terrasse der ⟨16⟩ **Bar Cielo** ist ein grandioser Sundowner-Hotspot.

Im Uhrzeigersinn: edel einkaufen im eleganten Flagship-Store von Laura Biagiotti. Leichte Küche für die Shoppingpause: Ginger Sapori e Salute. Exquisit kuratiert: der Buch- und Designshop Booktique. Charmant übernachten: Zimmer im Mini-Hotel Casa Montani. Ideal zum Flanieren am frühen Morgen: die Piazza di Spagna

ESSEN UND TRINKEN

FRÜHSTÜCK

17 Canova Tadolini
Via del Babuino 150 a/b
canovatadolini.com
Alte Pracht: Genießen Sie Ihren Cappuccino oder einen leichten Lunch im ehemaligen Atelier des Bildhauers Antonio Canova und seines Lieblingsschülers Adamo Tadolini – und zwar inmitten von beeindruckenden Skulpturen, übergroßen Gipsstatuen und Marmor-Büsten.

18 Colbert
Viale della Trinità dei Monti 1
caffecolbert.it
Café in einem der Säle der Villa Medici, die 1540 für einen Kardinal errichtet worden war und später in den Besitz der Medici überging, bis Napoleon sie 1801 erwarb. Die Lage: grandios, auf dem Pincio-Hügel mit einmaligem Ausblick. Die feinen Cornetti und anderen leckeren Gebäcksorten stammen aus der Patisserie Fonderia. Auch auf der malerischen Terrasse mit ihren Rosenbüschen und Zitronenbäumen könnte man stundenlang verweilen.

LUNCH

19 Babette
Via Margutta 1d
babetteristorante.it
Die Schwestern Flora und Silvia Sallorenzo verwöhnen

Neue Weisheit: Restaurant Ginger Sapori e Salute

Perfekt gelegen: das Colbert

ihre Gäste mit bodenständiger italienischer Küche: Die Rezepte basieren auf alten Familiengeheimnissen. Köstlich: die »Fettucine con Ragù« und das Roastbeef. Das Restaurant ist in einer Mischung aus Edel-Shabby-Chic und französischem Countrystyle eingerichtet. Im Sommer speist man unter freiem Himmel im idyllischen Innenhof.

20 Ginger Sapori e Salute
Via Borgognona 43–46
gingersaporiesalute.com
Im Ginger treffen sich die jungen Römerinnen gerne zum (gesunden) Lunch. Denn in dem modernen, hell eingerichteten Lokal wird großer Wert auf Nachhaltigkeit gelegt. Die Küche verwendet nur biologisch angebaute Produkte. Probieren Sie den vegetarischen Burger oder eine der kalten Platten!

21 Matricianella
Via del Leone 4
matricianella.it
In diesem kleinen Lokal mit herzlicher Atmosphäre bekommen Sie typisch römische Küche serviert! Das zieht auch die vielen Stammgäste aus der Umgebung immer wieder an. Schon die frittierten Vorspeisen von Artischocken bis Polpette überzeugen, die Pastagerichte ebenfalls. Unbedingt Platz für eines der hausgemachten Desserts lassen.

DINNER

22 Dal Bolognese
Piazza del Popolo 1
roma.dalbolognese.it
Eine echte Institution mit wunderbarem Old-School-Glamour: Lieblingsrestaurant der römischen Society; hier speisen Amal und George Clooney, wenn sie in der Stadt sind. Auf der Karte stehen vorwiegend Gerichte aus der Emilia Romagna. Auf der Terrasse genießt man seine Pasta oder »Il Carrello dei Bolliti« mit einmaligem Blick auf die Piazza del Popolo. Versuchen Sie es ohne Reservierung hier erst gar nicht …

23 Imàgo / Hotel Hassler
Piazza della Trinità dei Monti 6
hotelhasslerroma.com
Tom Cruise und Katie Holmes hatten für ihre Hochzeit gleich drei Stockwerke im eleganten Hotel Hassler gemietet. Das Restaurant des Hauses am oberen Ende der Spanischen Treppe ist weit über die Grenzen der Ewigen Stadt hinaus berühmt. Das sternegekrönte Rooftop-Restaurant des Hotels ist komplett verglast, die Stadt liegt Ihnen zu Füßen. Dazu werden mediterrane Klassiker mit Twist und höchster Finesse serviert, am Herd steht Meister Andrea Antonini.

INSIDER-TIPP DER CREW

DAS BESTE EIS MIT ÜBER 100 SORTEN GIBT'S IN DER NÄHE DER FONTANA DI TREVI BEI GIOLITTI.

Claus Harder
Pilot

24 Retro Bottega
Via della Stelletta 4
retro-bottega.com
Cooles Restaurant mit sehr kreativer Karte, das die beiden smarten und äußerst sympathischen Köche Giuseppe Lo Iudice und Alessandro Miocchi gemeinsam eröffnet haben. Die besten Plätze: an der Bar mit Blick in die Küche! Gönnen Sie sich das fünfgängige Formula-Retrobottega-Menü (ca. 55 €), es lohnt sich!

DRINKS UND AUSGEHEN

25 Baccano
Via delle Murratte 23
baccanoroma.it
Bistro und Austernbar mit hohen Decken, eleganten Holzpaneelen und Retro-Flair ganz in der Nähe der Fontana di Trevi. Ganztägig geöffnet, aber zur Cocktailstunde besonders charmant. Absolutes Highlight: die verschiedenen Meeresfrüchte-Platten.

26 Club Derrière
Vicolo delle Coppelle 59
Aus den Lautsprechern tönt Jazz, das Licht ist schummrig, überall stehen Kerzenleuchter. Wer in diese Speakeasy-Bar kommt, bestellt weder Bier noch Wein, sondern einen der kunstvoll gemischten Cocktails der versierten Barkeeper. Am besten vorher reservieren!

27 Locarno Bar
Via della Penna 22
hotellocarno.com
Eine der besten und stimmungsvollsten Bars der Stadt gehört zum Hotel Locarno: ein Art-dèco-Juwel, Lieblingshangout der Models und Kunstszene, die hier sowohl zum Aperitivo als auch zu späterer Stunde gerne zusammensitzen. Im Sommer loungt man im hübschen Innenhof. Versuchen Sie einen »The Belle Vie« aus Champagner Premier Cru, Holunderlikör und Lavendel-Bitter.

Kulinarisches Highlight: Restaurant Imàgo im Hotel Hassler

EINKAUFEN

28 Booktique
Via della Stelletta 17
booktique.info
Sie suchen ein ganz besonderes Geschenk? Booktique ist eine wahre Fundgrube für außergewöhnliche und wirklich hübsche Dinge: ausgewählte Kunstbücher, edle Papeterie und ausgefallene Design- und Lifestyleobjekte. Dazu wird man auch noch besonders herzlich bedient!

29 Mia Home Design Gallery
Via di Ripetta 224
galleriamia.it
Upgrade für Ihre Wohnung erwünscht? Neben der schicken hauseigenen vintage-inspirierten Möbellinie hat dieser gehobene Interiorladen auch Produkte von zeitgenössischen Designern wie Hella Jongerius, Tom Dixon und Marcel Wanders im Angebot.

Himmlisch, nicht nur für Hedonisten: der Buchshop Booktique

KUNST UND KULTUR

30 Museo del Chirico
Piazza di Spagna 31
fondazionedechirico.org
In dieser Maisonette-Wohnung im Palazzetto de Borgognon lebten der Maler Giorgio de Chirico und seine Frau Isabella 30 Jahre lang. Heute kann man sie besichtigen und erhält dabei einen spannenden Einblick in Leben und Werk des Künstlers: Zwischen den Original-Möbeln des Ehepaars hängen viele Gemälde aus den verschiedenen Schaffensperioden des Malers, in seinem Atelier stehen sie auf den Staffeleien ... als sei er nur kurz auf einen Espresso gegangen. Besichtigung nur nach Voranmeldung.

31 Sant'Ignazio di Loyola
Piazza Sant'Ignazio di Loyola
chiesasantignazio.it
Achtung: Einiges, was Sie hier auf den ersten Blick für echt halten, ist reine Illusion. Denn die zweite große Jesuitenkirche Roms hat eine sehenswerte Besonderheit: Ihre Decke ziert die »Apotheose des Heiligen Ignatius«, ein Meisterwerk perspektivischer Malerei von Andrea Pozzo. Eine Marmorscheibe im Boden zeigt den Punkt, von dem aus die optische Täuschung am besten zur Geltung kommt.

Eines der stylishsten Hotels der Ewigen Stadt: das J. K. Place

SCHLAFEN

32 Casa Montani
Piazzale Flaminio 9
casamontani.com
Eine Klingel weist den Weg in die Casa Montani, ein B&B in der dritten Etage eines Palazzo aus dem 18. Jahrhundert, das gleich bei der Piazza del Popolo liegt. Jedes der kleinen Zimmer ist sehr individuell und hübsch eingerichtet, in den Bädern stehen Produkte von Hermès und das Frühstück wird auf einem silbernen Wagen direkt ins Zimmer gebracht. Weiteres Plus: Die Besitzer Giuseppe (seine Mutter wurde in dem Haus geboren) und Charlotte Montani haben jede Menge guter Tipps in Sachen Rom. DZ ab ca. 140 €.

33 Casa Fabbrini
Vicolo delle Orsoline 13
campomarzio.casafabbrini.it
Charmantes Hotel mit nur vier Zimmern in einem Stadthäuschen aus dem 16. Jahrhundert. Superpraktisch: Es liegt gerade einmal fünf Minuten zu Fuß von der Spanischen Treppe entfernt. Der Stil: Vintage meets Modern Country. Ziemlich gemütlich: Frühstück wird an einem großen Gemeinschaftstisch serviert, die Marmeladen stammen vom familieneigenen Landhotel in

Persönlicher Service, liebevoll eingerichtete Zimmer: Casa Montani

der Toskana. Achtung: Falls Sie mit viel Gepäck reisen – das Haus liegt in einer autofreien Gasse. DZ ab ca. 170 €.

34 J. K. Place

Via di Monte d'Oro 30

jkroma.com

Dolce Vita vom Feinsten: ein Boutique-Hotel der Extraklasse mit 23 Zimmern und sieben Suiten gleich bei der Via Condotti in einem Gebäude aus dem 17. Jahrhundert. Einst war hier die Architekturschule der Universität Rom untergebracht. Der italienische Architekt Michele Bönen hat das Haus in einem perfekten Mix aus modernem und Vintage-Design gestaltet, genauso wie die Schwesterhotels auf Capri und in Florenz: zeitgenössische Kunst, Himmelbetten aus Rosenholz, Bäder in weißem und grauem Carrara-Marmor mit Regenwaldduschen, antike Kamine und wunderbare Retro-Farben. Praktisch: Der Inhalt der Minibar ist im Zimmerpreis eingeschlossen. Ebenfalls ultrachic: das hauseigene J. K. Cafe. Perfekt für Lunch oder flirty Late-Night-Drinks! Probieren Sie unbedingt die Burger – die sind angeblich die saftigsten Italiens ... DZ ab ca. 500 €.

35 Margutta 19

Via Margutta 19

romeluxurysuites.com

Ein echtes Kleinod in einer der bezauberndsten Straßen der Ewigen Stadt: superschickes Design, ein intimer Garten und das erstklassige Restaurant Assaggia, in dem der Sternekoch Angelo Troiani hinterm Herd steht und fantastische Interpretationen der römischen Küche serviert. Die 16 Zimmer sind in Gold, Schokoladen- und Sandfarbe mit italienischen Designermöbeln eingerichtet. Das Tollste: die Garden Suite mit privater Terrasse. DZ ab ca. 350 €.

MAFALDA VON HESSEN

Sie ist eines der elegantesten Mitglieder des europäischen Hochadels und lebt seit vielen Jahren im prunkvollen Anwesen ihrer Großeltern in Rom: Mafalda von Hessen, Ururenkelin von Kaiser Friedrich III., Muse von Giorgio Armani, Lebensgefährtin von Rolf Sachs. Doch die Prinzessin und Mutter von vier Kindern, die auf Gut Panker in Schleswig-Holstein aufwuchs, hat Zeit ihres Lebens hart gearbeitet. Nach ihrem Kostüm- und Bühnenbildstudium in New York war sie für den oscargekrönten Kostümschneider Umberto Tirelli tätig und machte dann als Modemacherin für ihren eigenen hochgelobten Brand MvH Karriere.

Kreative Küche auf hohem Niveau: Glass Hostaria in Trastevere

WOHIN GEHEN SIE GERNE ZUM ESSEN – EGAL OB LUNCH ODER DINNER?

__ In die **Glass Hostaria** (S. 104) – da war ich das allererste Mal diesen Samstag. Es hat eine ausgezeichnete Küche, neu italienisch, und liegt mitten in Trastevere in der Vicolo del Cinque. Die Klassiker in der italienischen Hauptstadt sind die Restaurants **Dal Bolognese** (S. 41) in der Nähe der Piazza del Popolo und das **Pierluigi** (S. 25) für Fisch – beide sind allerdings nicht gerade billig …

UND WELCHE RESTAURANTS EMPFEHLEN SIE, WENN MAN ETWAS WENIGER GELD AUSGEBEN WILL?

__ Ganz günstig und eines meiner »Wochenend«-Restaurants mit meiner Familie ist die **Trattoria Da Lucia** (Vicolo del Mattonato 2) in Trastevere. Die **Trattoria Da Danilo** (Via Petrarca 13, *trattoriadadanilo.com*) liebt meine Tochter. Und für super Pizzastücke empfehlen wir beide das Restaurant **Il Forno** auf dem Campo de' Fiori (S. 25).

Die Klassiker sind die Restaurants Dal Bolognese und das Pierluigi

WOHIN SOLLTE MAN AUF EINEN LATE-NIGHT-DRINK GEHEN? WER MISCHT DIE STÄRKSTEN GETRÄNKE?

__ Das **Il Goccetto** in Via dei Banchi Vecchi (S. 26) und das **Salotto42** (S. 26) sind beide wirklich perfekt für Wein und Drinks. Außerdem: das **Music Inn** (Largo dei Fiorentini 3) für Drinks nach dem Essen.

WO KANN MAN AM BESTEN IN DIE KUNSTWELT ROMS EINTAUCHEN?

__ Meine Lieblingsmuseen sind die **Galleria Borghese** (S. 56) und die **Galleria Nazionale** (S. 50). Außerdem war ich kürzlich wieder in den **Diokletiansthermen** (Via delle Terme di Diocletiano, *museonazionaleromano.beniculturali.it*). Dort fällt einem wieder einmal auf, was für gigantische Paläste sich die Römer gebaut haben.

WO KAUFEN SIE AM LIEBSTEN EIN?

__ Shoppen gehe ich gerne in der **Via di Monserrato,** da gibt es viele gute Optionen: zum Beispiel die Boutiquen **L'Archivio di Monserrato** (S. 27) und **Chez Dédé** (S. 26). Es lohnt sich auch, in die Vitrinen von **Fabio Salini Gioielli** (Via di Monserrato 18, *fabiosalini.it*) zu gucken, er verkauft teuren Schmuck. Eine andere Straße, die ich sehr mag, ist die **Via della Penna,** die zur **Via dell'Oca** wird: Hier finden Sie viele kleine Geschäfte mit guten Marken, die es nicht überall gibt. Außerdem liegt dort auch das **Hotel Locarno** (S. 42) mit seiner Cocktail-Bar Locarno, eine meiner Favoriten.

1—Terrazza del Pincio
2—Villa Giulia
3—Cinema dei Piccoli
4—Harry's Bar
5—Palazzo Barberini
6—20MQ
7—Caffè delle Arti
8—Al Ceppo

9—Moma
10—Neve di Latte
11—Al Cantuccio
12—Metamorfosi
13—Dolce Restaurant
14—Duke's
15—Bagheera

16—Il Giardino di Domenico Persiani
17—La Galleria Nazionale d'Arte Moderna
18—Museo e Galleria Borghese

19—Museo Nazionale delle Arti del XXI Secolo (MAXXI)
20—Santa Maria della Concezione
21—Hotel Aldrovandi Villa Borghese
22—Hotel Villa Linneo
23—Quartiere Coppedè

TOUR

3

VILLA BORGHESE & DER NORDEN ROMS

Roms beliebtester Park liegt nördlich des Centro Storico und umfasst etwa 80 Hektar. Er entstand im 17. Jahrhundert als Sommerresidenz des Kardinals Scipione Caffarelli Borghese (1576–1633), Sohn einer vermögenden Adelsfamilie, der zu seiner Zeit Mäzen vieler großer Künstler war. In und um diese grüne Lunge herum gibt es einiges zu sehen: allem voran natürlich die berühmte Sammlung in der Galleria Borghese, ebenfalls von Scipione Borghese gegründet. Aber auch Museen mit moderner oder zeitgenössischer Kunst wie das futuristische MAXXI im Stadtteil Flaminio, entworfen von der Star-Architektin Zaha Hadid. Gut zu wissen: In Flaminio liegt mit dem Ponte Milvio auch die älteste Brücke der Stadt. Und in Parioli, einem ziemlich noblen Wohn- und Botschafterviertel, können Sie unter anderem hervorragend speisen.

◆

FLANIEREN SIE AUSGIEBIG DURCH DIE VILLA BORGHESE, BEWUNDERN SIE KUNST IN DER GALLERIA BORGHESE, GRUSELN SIE SICH IN DEN GEWÖLBEN EINER KAPUZINERKIRCHE UND BUMMELN SIE ÜBER DIE VIA VENETO

◆

Start ist an der ◇1 **Terrazza del Pincio,** der wunderbaren Aussichtsterrasse über der Piazza del Popolo am Pincio – genießen Sie zuerst einmal einen berauschenden Blick über die Stadt. Über die Allee Viale delle Magnolie gelangen Sie zum Piazzale delle Canestre. Links abbiegen in den Viale dell' Aranciera, vorbei am Lago, dem kleinen künstlich angelegten See mit dem Tempio di Esculapio, dem Äskulaptempel. Wer Lust hat, kann sich hier ein Ruderboot ausleihen – große Strecken kann man allerdings nicht zurücklegen ... An der Piazzale Paolina Borghese rechts abbiegen und über die große Freitreppe zu einem der schönsten Museen der Stadt für moderne Kunst hinaufsteigen: der La Galleria Nazionale di'Arte Moderna (S. 55). Anschließend ein kleiner Abstecher in Richtung Nordwesten, zur ◇2 **Villa Giulia** (Piazzale di Villa Giulia), ehemaliges Zuhause von Papst Julius aus dem 16. Jahrhundert, die das etruskische Museum mit seiner grandiosen Auswahl an etruskischer und vorrömischer Kunst beherbergt. Wieder zurück zur Nationalgalerie, dann rechts hinauf über die Viale delle belle Arti auf den Viale del Giardino Zoologico. Rechts abbiegen in die Viale dell'Uccelliera zur weltberühmten Galleria Borghese (S. 56), die oft als Königin aller privaten Kunstsammlungen tituliert wird. Anschließend über die Viale del Museo Borghese und die Viale Goethe zum ◇3 **Cinema dei Piccoli** (Viale della Pineta 15), dem kleinsten Kino der Welt: In dem Mini-Häuschen aus dem Jahr 1934 flimmern immer noch Filme über die Leinwand. Verlassen Sie die Villa Borghese jetzt durch die Porta Pinciana. Tipp: Stärken Sie sich mit einem Drink und kehren Sie in der legendären ◇4 **Harry's Bar** (Via Vittorio Veneto 150) ein, die seit ihrem Gastauftritt in Federico Fellinis »La Dolce Vita« eine echte Institution ist. Denn für das nächste Ziel brauchen Sie starke Nerven. Nachdem Sie die Via Veneto ein Stück hinuntergebummelt sind, kommen Sie zur Kirche Santa Maria della Concezione (S. 57) – in den Gewölben wurden unzählige Menschenknochen verarbeitet. Weiter die Via Veneto hinunter, bis Sie zur Piazza Barberini mit den beiden von Bernini gestalteten Brunnen kommen, der Fontana del Tritone mitten auf dem Platz und der Fontana delle Api am oberen Ende. Besichtigen Sie auch unbedingt den wunderbaren Barockpalast ◇5 **Palazzo Barberini,** in dem Sie einen Teil der außergewöhnlichen Sammlung der Galleria Nazionale d'Arte Antica bewundern dürfen.

Linke Spalte: Hübsch für eine Ruderpartie: der Laghetto im Park Villa Borghese. Der kleine Tempel wurde dem Asklepios geweiht (oben). Nicht verpassen: die Galleria Nazionale d'Arte Moderna (unten)

Rechte Spalte: Stilvolles Dinner garantiert: Restaurant Moma (oben). Molto amore: Im Al Ceppo in Parioli speist man immer wieder gerne (Mitte). Bitte entspannen: Pool des Hotel Aldrovandi Villa Borghese (unten)

ESSEN UND TRINKEN

FRÜHSTÜCK

⑥ 20MQ
Via Flaminia 314c
20mq.com
Cooler Mix aus Café und Designladen mit lässiger Atmosphäre und vielen Stammgästen aus der Nachbarschaft. Bestellen Sie sich einen Cappuccino und dazu ein saftiges Stück Kuchen und stöbern Sie in Ruhe durch die hippen Produkte und Gadgets, die man hier kaufen kann. Auch zum Lunch eine Option.

⑦ Caffè delle Arti
Via Gramsci 73
caffedelleartiroma.com
Ideale Lage in der Galleria Nazionale, innen minimalistisch eingerichtet. Am schönsten ist es hier allerdings an warmen, sonnigen Tagen, wenn man vor der hübschen Kulisse zum Frühstücken auf der Terrasse sitzen kann. Die Preise sind etwas gehoben.

LUNCH

⑧ Al Ceppo
Via Panama 2
ristorantealceppo.it
Eine Institution in Parioli: An den Holzwänden dieses stimmungsvollen, eleganten Lokals hängen antike Ölgemälde, überall stehen

Geschmackvolles Ambiente: Sterne-Restaurant Metamorfosi

Blumenarrangements und silberne Kerzenleuchter. Die Karte überzeugt mit Trüffelpasta und hervorragenden Fleischgerichten. Unbedingt Platz für die üppigen Dessert-Kreationen lassen!

9 Moma
Via San Basilio 42/43
ristorantemoma.it
Modernes, cool designtes Restaurant im ersten Stock eines Palazzo, das nach dem New Yorker Museum of Modern Art benannt ist und sich als gastronomischen Vorreiter für kunstvolle Speisen und ungewöhnliche geschmackliche Kombinationen sieht. Die Küche besticht mit hochwertigen Zutaten, unverwechselbaren Aromen und gleichbleibend hohen Standards. Auch die Lage gleich bei der Via Veneto ist perfekt.

EIS

10 Neve di Latte
Via Luigi Poletti 6
nevedilatte.it
Bei der Suche nach der besten Eisdiele der Stadt steht diese garantiert ganz oben auf dem Treppchen: hervorragende Gelateria und ideal für eine kleine Pause, nachdem man das MAXXI besucht hat. Simone Romano kreiert köstliche Gelati mit Zutaten aus Bio-Anbau.

Perfekt zum Shoppen und Espressotrinken: das chillige 20MQ

Die Sorten Pistazie und Zimt sind zum Niederknien ...

DINNER

11 Al Cantuccio
Via Tripoli 71
Wunderbares, exzentrisch-überladen dekoriertes Lokal, das etwas ab vom Schuss liegt. Es besitzt keine Website und keine Karte – Wirtin Carla erzählt Ihnen, was heute auf ihrem Menüplan steht. Tipp: Die hausgemachten Pastagerichte sind jedes Mal ein Gedicht, die Dolci ein Hit und der Service unschlagbar.

12 Metamorfosi
Via Giovanni Antonelli 30
metamorfosiroma.it
Lust auf ganz besondere Geschmackserlebnisse? Der kolumbianische Sternekoch Roy Caceres verwöhnt seine Gäste mit fantasievoller saisonaler Fusion-Cuisine in modernem, elegantem Ambiente. Das Restaurant gilt als eine der köstlichsten Adressen der Ewigen Stadt. Tipp: Probieren Sie das sechsgängige Expresion-Menü (110 €). Unbedingt vorher reservieren.

DRINKS UND AUSGEHEN

13 Dolce Restaurant
Via Tripolitania 4
dolce-roma.com
Der Name ist etwas irreführend! Natürlich verfügt das

Märchenhaftes Kleinod: das Jugenstil-Viertel Quartiere Coppedè mit der Fontana delle Rane, dem Fröschebrunnen

Restaurant über ein fabelhaftes Dessertangebot (der »Pistacchio & Dulce de Leche Cheesecake« ist zum Dahinschmelzen). Und wer auf Dolci steht, MUSS dieser angesagten Location einen Besuch abstatten. Aber sie hat noch wesentlich mehr zu bieten: Das Sushi und die Burger enttäuschen nie. Und die Cocktailbar im ersten Stock ist ein recht hippes After-Dinner-Hangout. Lieblingsdrink: Coconut Mojito.

14 **Duke's**
Viale Parioli 200
dukes.it
Schon zum Aperitivo mit Cocktails und Tapas zwischen 19 und 20:30 Uhr wird es hier ziemlich voll! Entweder Sie bleiben einfach zum Dinner – es kommt ein geschmackvoller Mix aus kalifornischer und italienischer Küche auf den Tisch – oder Sie kehren zu späterer Stunde zurück, die Barkeeper verstehen ihr Handwerk. Tolle Terrasse!

Echt lohnenswert: ein Besuch im Il Giardino di Domenico Persiani

EINKAUFEN

15 **Bagheera**
Via Giovanni Antonelli 26
bagheeraboutique.com
Fabelhaft für Fashionistas: Auf den Kleiderstangen dieses beliebten alteingesessenen Multibrand-Stores hängen die neuesten Kollektionen von Marc Jacobs, Balmain, Victoria Beckham und Kenzo. Wer hier noch nicht genug hat: Der zweite Bagheera-Shop mit einer Mega-Auswahl an schicken Designerschuhen liegt fußläufig an der Piazza Euclide 30.

16 **Il Giardino di Domenico Persiani**
Via Torino 92
Einer der Orte der Stadt, an dem altes Handwerk und Traditionen noch gelebt und geliebt werden: eine verborgene Schatzkammer in einem kleinen Hinterhofgarten mitten im Zentrum mit Terrakottaskulpturen, handgearbeiteten römischen Masken, Vasen und Büsten. Besitzer, Restaurator und Künstler Domenico Persiani nimmt sich für seine Kunden Zeit!

KUNST UND KULTUR

17 **Galleria Nazionale d'Arte Moderna e Contemporanea**
Viale delle Belle Arti 131
lagallerianazionale.com
In den 75 Räumen einer riesigen Jahrhundertwende-Villa sind über 5000 Gemälde

des 19. und frühen 20. Jahrhunderts ausgestellt. Neben italienischen Künstlern wie Giorgio de Chirico, Canova und Boldini glänzen Werke von großen Europäern wie Auguste Rodin, Vincent van Gogh und Gustav Klimt.

(18) Museo e Galleria Borghese
Piazzale del Museo Borghese 5
galleriaborghese.it
Hier haben einige der spektakulärsten und schönsten Kunstschätze Roms – und der Welt – ihr Zuhause, zum Beispiel Gian Lorenzo Berninis ausdrucksstarke Skulptur »Apoll und Daphne« aus dem Jahr 1624. Dazu Werke von Caravaggio, Raffael und Tizian. Im Erdgeschoß der Villa können Sie die Skulpturen bewundern, im ersten Stock ist die Gemäldegalerie untergebracht. Achtung: Karten müssen im Voraus gebucht werden, online oder telefonisch.

(19) Museo Nazionale delle Arti del XXI Secolo (MAXXI)
Via Guido Reni 4a
fondazionemaxxi.it
Star-Architektin Zaha Hadid hat das spektakuläre Gebäude aus Beton, Glas und Stahl auf dem Gelände einer ehemaligen Kaserne entworfen, das als Roms führende Ausstellungsstätte für zeitgenössische Kunst und einer der spannendsten Museumsneubauten weltweit gilt. Die einzelnen Stockwerke sind durch frei schwingende Treppen verbunden, die Räume sind ineinander verschlungen, überall dominieren fließende Formen und die Perspektiven scheinen ständig zu wechseln. Die Dauerausstellung zeigt Werke des 20. und 21. Jahrhunderts, zum Beispiel von Anish Kapoor, Anselm Kiefer oder Gerhard Richter. Planen Sie auch unbedingt etwas Zeit für den tollen Museumsshop ein! Tipp fürs Anschlussprogramm: Etwas südlich liegt die Via Bernardo Celentano, eine der

Bahnbrechende Kunst: Galleria Nazionale d'Arte Moderna

Meisterwerk von Zaha Hadid: das Museo Nazionale delle Arti del XXI Secolo (MAXXI)

kuriosesten Straßen der Ewigen Stadt, sie wird auch Piccola Londra genannt, wegen der kleinen Stadthäuschen im britischen Liberty-Style.

20 Santa Maria della Concezione
Via Vittorio Veneto 27
Cappucciniviaveneto.it
Vorsicht, schaurig: Unter der Kirche der Kapuzinermönche liegt eine Gruft, die aus sechs aufeinanderfolgenden Kapellen besteht. In deren Räumen sind die Knochen von etwa 4000 Mönchen verarbeitet, zum Beispiel als Wandverzierungen, Stuckornamente oder Lampen. Achtung: Fotografieren ist verboten! Mit den Gebeinen ihrer verstorbenen Mitbrüder wollten die Mönche darstellen, wie kurz und wenig bedeutend doch das Leben hier auf der Erde ist.

SCHLAFEN

21 Hotel Aldrovandi Villa Borghese
Via Ulisse Aldrovandi 15
aldrovandi.com
Eine Oase der Ruhe und der perfekte Rückzugsort nach ausgiebigen Sightseeingtouren direkt an der Villa Borghese. Das Ambiente: ein bisschen old-fashioned. Der Service: absolut perfekt. Unser Highlight: der zauberhafte Garten mit dem großen Pool. Und im Sterne-Restaurant Assaje speist man auf höchstem Niveau. DZ ab ca. 300 €.

22 Hotel Villa Linneo
Via Carlo Linneo
hotelvillalinneo.it
In den 50er-Jahren Heimat eines exklusiven Bridgeclubs, heute ein wirklich charmantes Boutique-Hotel, in dem verschiedene Styles und kulturelle Einflüsse mit viel Fingerspitzengefühl gemixt wurden. Die Zimmer sind geschmackvoll mit zarten Farben und exklusiven Stoffen dekoriert, in den geräumigen Marmorbädern stehen Produkte von Ortigia. Die Lage: nur ein paar Schritte von der Villa Borghese entfernt. DZ ab ca. 160 €.

EXTRATIPP

23 Etwas nordwestlich befindet sich das Quartiere Coppedè, nach seinem Baumeister, dem Architekten Gino Coppedè, benannt. Wenn Sie durch den mächtigen Torbogen an der Via Dora treten, fühlen Sie sich wie in einer anderen Welt. Fast märchenhaft wirkt die Piazza Mincio mit ihrem Froschbrunnen, der Fontana del Rane. Um sie herum erheben sich einzigartige Villen, die meisten mit Jugendstilfassade, einige auch mit maurischen oder gotischen Elementen. Am prachtvollsten ist die Feenvilla – Villino delle Fate – an der Ecke zur Via Brenta, die so wie der Rest des Quartiers vom Architekten Gino Coppedè erschaffen wurde. Heute haben in den meisten Gebäuden Botschaften ihren Sitz.

HEINZ BECK

Er gilt seit Jahren als unangefochtene Nummer eins der römischen Spitzengastronomie. Seine innovativ-genialen Interpretationen der mediterranen Küche sind ein unvergessliches kulinarisches Erlebnis: Heinz Beck, einer der besten Köche der Welt, Küchenchef im La Pergola, dem einzigen Drei-Sterne-Restaurant der Stadt im Hotel Rome Cavalieri Waldorf Astoria Resort mit seinem großartigen Blick über die Dächer der italienischen Hauptstadt. Der mit einer Italienerin verheiratete Titan der Töpfe stammt aus Friedrichshafen, sein Handwerk lernte er unter anderem bei Heinz Winkler im Tantris und im Colombi in Freiburg. Heinz Beck lebt seit 1994 in der Ewigen Stadt.

WELCHES IST IHR LIEBINGS-VIERTEL?

— **Monti.** Es liegt nur wenige Gehminuten vom Kolosseum entfernt und besticht durch verwinkelte Kopfsteinpflastergassen, Fassaden in warmen Tönen und malerische Piazze. Hier treffen sich die Künstler und Kreativen, deswegen finden Sie hier viele coole Boutiquen, gute Lokale, in denen die Einheimischen essen, und intime Weinbars. Auf dem **Mercato Monti** (S. 70), dem regelmäßig stattfindenden Vintage-Markt am Wochenende, können Sie einzigartige Kleidung und Schmuck kaufen. Mein Tipp: Besorgen Sie sich ein Bier und versuchen Sie, einen Platz am Brunnen auf der hübschen und immer überfüllten **Piazza della Madonna dei Monti** (S. 64) zu ergattern.

WOHIN GEHEN SIE GERNE ZUM FRÜHSTÜCK?

— Ins **Caffè di Marzio** (Piazza di Santa Maria in Trastevere 15), eines der historischen und beliebten Cafés im Herzen der Stadt, in Trastevere. Sie werden sowohl wegen der großartigen Auswahl dort als auch wegen der Aussicht begeistert sein. Setzen Sie sich an wärmeren Tagen auf jeden Fall nach draußen und bewundern Sie die wunderschöne Kirche Santa Maria in Trastevere, während Sie Ihr Frühstück mit Cappuccino und Cornetto genießen.

WELCHES CAFÉ KÖNNEN SIE NOCH EMPFEHLEN?

— Das **Sant'Eustachio il Caffè** (S. 22). Wenn Sie Kaffee lieben, dürfen Sie diesen bedeutenden Ort im Herzen von Rom, wo Sie den Kaffee bereits von der Straße aus riechen können, auf keinen Fall verpassen. Trinken Sie unbedingt eine Tasse – und probieren Sie im Sommer die köstliche Kaffee-Granita mit Schlagsahne.

Auf dem Mercato Monti können Sie einzigartige Kleidung und Schmuck kaufen

IHR TIPP FÜR DEN LUNCH?

— Das **Roscioli** (S. 24). Es liegt nicht weit vom Campo de' Fiori entfernt. Da muss man in Rom unbedingt gewesen sein. Das Roscioli hat sich von einem familiengeführten Lebensmittelladen in eine raffinierte Gourmet-Bottega mit Küche und großem Weinkeller verwandelt. Versuchen Sie unbedingt die Carbonara-Pasta – eine der besten der Stadt!

WOHIN GEHEN SIE GERNE ZUM DINNER?

— In die **Taverna Trilussa** (S. 106). Ich habe selten Zeit, abends auszugehen, aber wenn, genieße ich den Abend in diesem Restaurant in Trastevere. Wenn Sie auf der Suche nach traditioneller lokaler Küche sind, wird die Taverna Trilussa Ihre Erwartungen ganz bestimmt erfüllen. Tolle römische Gerichte, für die nur hochwertige Zutaten verwendet werden, und gemütliches Ambiente.

IHR TIPP FÜR DEN DRINK DANACH?

— Das **Pantaleo** (Piazza di San Pantaleo, *pantaleoroma.it*). Entweder nach dem Abendessen oder für eine kleine Pause, während man im Zentrum unterwegs ist. Das Lokal hat wirklich interessante Gerichte auf der Speisekarte und die versierten Barkeeper mischen ungewöhnliche und sehr kreative Cocktails.

WO KAUFEN SIE GERNE EIN?

— Ehrlich gesagt habe ich keinen Lieblingsladen. Wenn ich Zeit habe, bummle ich durch Campo Marzio, eines der ältesten Rione in Rom. Lassen Sie sich von den reizvollen Schaufenstern an der Via del Corso, der Via Margutta, der Via Borgognona und in den anderen kleinen Straßen der Gegend verführen ... Sie werden auf außergewöhnliche Geschäfte stoßen und auf tolle lokale Handwerkskunst! In dieser Gegend werden Sie auf keinen Fall enttäuscht!

VERRATEN SIE UNS IHR LIEBSTES VERSTECKTES JUWEL DER ITALIENISCHEN HAUPTSTADT? ___

___ **Domus Romane** (Foro Traiano, *palazzovalentini.it*) vor der Trajansäule. Beeindruckende Überreste von zwei noblen Villen, wahrscheinlich von reichen Senatoren, die im antiken Rom lebten. Mithilfe von Lasern werden diese Häuser wieder zum Leben erweckt, so wie sie vor 2000 Jahren aussahen. Man denkt wirklich, man läuft mitten durchs alte Rom. Es gibt auch Führungen auf Englisch.

WAS MUSS MAN IN DER EWIGEN STADT UNBEDINGT ERLEBEN? ___

___ Die **Via Piccolomini** - eine optische Täuschung, die Sie sich nicht entgehen lassen sollten. Die Via Piccolomini ist eine unscheinbare Straße, die eine faszinierende Perspektive auf die Kuppel des Petersdoms bietet: Während Sie sich auf sie zubewegen, scheint sie in den Hintergrund zu treten und kleiner zu werden; wenn Sie sich jedoch von ihr wegbewegen, wird sie größer und steigt von unten auf.

WAS DARF MAN AUSSERDEM NICHT VERPASSEN? ___

___ Den **Gianicolo** (S. 101). Er wird von vielen als achter Hügel Roms angesehen. Ein ruhiger und erholsamer Ort in der Nähe des Stadtzentrums. Auf seinen Wegen genießen Sie auch einen atemberaubenden Blick auf die Stadt und ihre Dächer. Der Gianicolo wurde wegen seiner wichtigen historischen Rolle während der Schlacht, in der Garibaldi einen Angriff der französischen Truppen abwehrte, sehr populär. Noch heute thronen dort Skulpturen vieler Helden, auch von Giuseppe Garibaldi. Machen Sie während Ihrer Zeit in Rom dort unbedingt einen Spaziergang.

WO ENTSPANNEN SIE AM LIEBSTEN? ___

___ Im **Giardino degli Aranci** (S. 90), einer Oase mit Bitterorangenbäumen auf dem Aventin. Von der Terrasse des Gartens aus haben Sie einen herrlichen Blick auf Rom, Sie sehen unter anderem den Tiber, den Petersdom, den Gianicolo und die Kirche Santa Maria in Cosmedin.

WAS IST DER BESTE ORT, UM KUNST ZU ERLEBEN? ___

___ Die **Sixtinische Kapelle.** Seit kurzem organisiert der Vatikan exklusive Besuche mit den »Clavigeri«, den Schlüsselwarten (S. 10), die sehr früh am Morgen die Vatikanischen Museen aufsperren. Trotz des zeitlichen Rahmens können Sie die Sixtinische Kapelle ganz in Ruhe mit einer sehr begrenzten Anzahl an Menschen besuchen und bewundern. So vermeiden Sie die Massen und die Hektik, die hier tagsüber herrschen. Eine Erfahrung, die man, wie ich finde, nicht versäumen darf.

WELCHES IST DAS CHARMANTESTE HOTEL DER STADT? ___

___ Das **Rome Cavalieri Waldorf Astoria Resort** (*romecavalieri.com*). Dieses Hotel übertrifft alle Erwartungen. Es ist das einzige echte Resort in der Ewigen Stadt und liegt toll, auf dem Monte Mario, nur 15 Minuten vom Stadtzentrum entfernt. Es bietet unvergessliche Erlebnisse für alle Sinne. Und verfügt über hervorragende Einrichtungen: 345 Gästezimmer und 25 Suiten, alle mit eigenem Balkon oder Terrasse; vier Bars und zwei Restaurants, eine museale Kunstsammlung mit über 1100 echten Meisterwerken; einen fabelhaften Grand Spa Club auf 2500 Quadratmetern, der eine Reihe einzigartiger Beauty- und Wellnessbehandlungen anbietet. Dazu ein hochmoderner Fitnessbereich, ein Innen- und drei

Hochelegant: die Zigarren-Lounge des La Pergola

Außenpools. Und ein 15 Hektar großer mediterraner Park. Ergänzt durch den echten Waldorf-Service ist das Rome Cavalieri ein wirklich einzigartiges Hotel, in dem Sie eine unvergessliche Zeit haben werden.

WELCHES THEATER EMPFEHLEN SIE?

___ **Roberto Bolle and Friends** in den **Caracalla-Thermen.** Eine emotionale Reise mit dem König des männlichen Balletts, einem einzigartigen Künstler, der in der Lage ist, die Kunstform des Tanzes in eine Art Pop-Genre zu verwandeln. Es ist ein echtes Abenteuer, das an einem symbolträchtigen Ort des italienischen Kulturerbes veranstaltet wird: den Caracalla-Thermen. Jedes Jahr ist es allerdings schnell ausverkauft und – es findet nur im Sommer statt. Schnell buchen! Das müssen Sie wirklich gesehen haben!

WAS SOLLTE MAN IN ROM IMMER KAUFEN?

___ Typisches Essen und Produkte, die von lokalen Handwerkern geschaffen werden. In unserer globalen Welt, in der wir alles mit einem Klick kaufen können, glaube ich, dass das Essen eigentlich die authentische Essenz einer Stadt oder eines Ortes ist. Deswegen empfehle ich Ihnen, die typisch römische Küche zu probieren und außerdem Ateliers und Werkstätten von den Handwerkern der Stadt zu besuchen – eine tolle Erfahrung.

BESCHREIBEN SIE DIE ATMOSPHÄRE DER STADT!

___ Seit meiner Ankunft in Rom 1994 liebe ich die pulsierende Stimmung und die perfekte Kombination aus alter Geschichte und Moderne. Man kann sich nicht aussuchen, wo man geboren wird, sage ich oft. Aber wir können wählen, wo wir leben. Rom ist mein Zuhause.

1—Piazza della Madonna di Monti
2—La Botega del Caffè
3—Taverna dei Fori Imperiali
4—Mercati di Traiano
5—Vintageshop Pifebo
6—Fatamorgana
7—Tina Sondergaard
8—Antico e Antico

9—Nora P
10—Santa Maria Maggiore
11—La Casetta a Monti
12—Gatsby Cafè
13—Aromaticus
14—Madre
15—Zia Rosetta
16—Il Tempio di Iside
17—Trattoria Monti
18—Porta Magica
19—Blackmarket
20—Drink Kong
21—Estremi
22—Mercato Monti

23—Basilica di San Pietro in Vincoli
24—Chiesa di Santa Croce in Gerusalemme

25—Fifteen Keys
26—Inn at the Forum Romanum
27—Villa Spalletti Trivelli

TOUR

4

MONTI & ESQUILIN

Am Fuße des Esquilin und gleich hinter dem Forum Romanum und südlich des Quirinalspalastes liegt Monti, das dörflichste Viertel der italienischen Hauptstadt und eines der ältesten. In längst vergangenen Zeiten die »Suburra«, ein berüchtigter Slum, in dem die Bordelle lagen, Kleinkriminelle sich herumtrieben und Julius Cäsar auf die Welt kam. Heute werden Sie an fast jeder Ecke auf ein reizendes Lokal oder eine kleine Boutique stoßen, und durch die kleinen Gässchen lässt es sich wunderbar bummeln. Auch abends wird es in Monti nicht ruhiger: Die Gegend rund um ihr Herzstück, die Piazza della Madonna di Monti, hat sich zu einem der charmantesten Ausgehviertel entwickelt. Gut zu wissen: An manchen Ecken in Monti wird noch der alte Dialekt Romanesco gesprochen.

VON DER LEBHAFTEN PIAZZA DELLA MADONNA DI MONTI ZU DEN KAISERFOREN, DANN EINKAUFSBUMMEL IN DEN KLEINEN GÄSSCHEN UND AM SCHLUSS DIE KIRCHE SANTA MARIA MAGGIORE BESICHTIGEN

Start ist an der ⟨1⟩ **Piazza della Madonna di Monti,** dem beliebtesten Platz des Viertels, mit seiner Kirche Santa Maria ai Monti und dem Renaissance-Brunnen, den Giacomo della Porta einst erschuf. Sobald es dämmert, füllt sich die Piazza so richtig schön mit Leben, jeder sichert sich einen Platz am Brunnen oder auf den Stufen. Für eine Cappuccino-Pause eignet sich zum Beispiel das kleine ⟨2⟩ **La Botega del Caffè** (Piazza della Madonna di Monti 5). Die Via della Madonna dei Monti in Richtung Westen nehmen. Wer allerdings schon richtig Hunger hat, sollte in der ⟨3⟩ **Taverna dei Fori Imperiali** (Nr. 9) einkehren – »Pasta alla Romana« bestellen! Danach rechts abbiegen in die Via di Tor de' Conti. Rechterhand passieren Sie die Kirche Santi Quirico e Giulitta (Via Tor de' Conti 31/A). Durch eine hohe Mauer sind die spärlichen Überreste von zwei der vier Kaiserforen, dem Augustus- und dem schmalen Nerva-Forum, leider nur von außen einsehbar. Im Gegensatz dazu wirken die ⟨4⟩ **Mercati di Traiano** (Via Quattro Novembre 94), die Trajansmärkte, eine Art antike Shoppingmall, noch erstaunlich gut erhalten. Kaiser Hadrian ließ die mehrstöckigen Gebäude für die zahlreichen Händler der Stadt bauen. Rechts in die Via Panisperna abbiegen, vorbei an der Kirche Santi Domenico e Sisto, die ebenfalls von Giacomo della Porta erschaffen wurde. Einer der Altäre im Innenraum stammt von Bernini. Es lohnt sich, jetzt in einer Art Viereck zu gehen: rechts in die Via Serpenti mit ihren kleinen Geschäften wie dem ⟨5⟩ **Vintageshop Pifebo** (Nr. 135 und 141, perfekt für abgefahrene Sonnenbrillen), links in die Via degli Zingari, die »Zigeunerstraße«, die einst von Sinti und Roma bewohnt war. Folgen Sie ihr bis zur Piazza degli Zingari, um sich ein besonders köstliches Eis bei ⟨6⟩ **Fatamorgana** zu holen. Dann den Weg wieder zurück, bis Sie zur Via del Boschetto kommen, rechts abbiegen. Hübsche, easy tragbare Mode finden Sie, wenn Sie die Via Panisperna überqueren, nach ein paar Metern bei ⟨7⟩ **Tina Sondergaard** (Via del Boschetto 1). Zurück auf die Via Panisperna in Richtung Osten, in den wunderbaren Antikladen ⟨8⟩ **Antico e Antico** (Nr. 53). Originelle Interior- und Home-Accessoires finden Sie außerdem bei ⟨9⟩ **Nora P** (Nr. 220). Folgen Sie der Via Panisperna, bis Sie zur mächtigen Kirche ⟨10⟩ **Santa Maria Maggiore** (Piazza di Santa Maria Maggiore), eine der Papstbasiliken Roms, auf dem Esquilin-Hügel kommen. Der Legende nach schneite es genau an dieser Stelle im August des Jahres 352. Der im 13. Jahrhundert errichtete Glockenturm ist angeblich der höchste der Stadt. Äußerst beeindruckend im Inneren: die Mosaike aus dem 5. Jahrhundert und die goldene Kassettendecke. Unbedingt auch die Krypta mit ihren Reliquien besuchen, unter anderem liegt dort ein Stück Holz von Jesus' Krippe in Bethlehem.

Im Uhrzeigersinn: Belegte Brötchen a la Romana: Zia Rosetta. In-Place Restaurant Madre. Wohnzimmer des Master Grey Rooms im Hotel Fifteen Keys. Cocktailhimmel: Gatsby Cafè. Fashionhotspot: Mercato Monti

Nach den rosenförmigen Brötchen, die hier serviert werden, benannt: das Zia Rosetta

ESSEN UND TRINKEN

FRÜHSTÜCK

11 La Casetta a Monti
Via della Madonna di Monti 62
Winziger, uriger Laden in einem efeubewachsenen Häuschen, im cleanen Skandi-Style eingerichtet. Der Service ist ausgesprochen freundlich, der Espresso schmeckt – unbedingt einen der selbst gebackenen Kuchen wie die Ricotta-Schokoladen-Tarte bestellen.

12 Gatsby Cafè
Piazza Vittorio Emanuele 106
Im Viertel Esquilin in den Kolonnaden der leicht heruntergekommenen Piazza Vittoria hat sich in einem ehemaligen Hut-Shop ein besonders charmantes Café mit 50er-Jahre-Flair, ausgefallenen Tapeten und Vintage-Möbeln niedergelassen. Auch zum Aperitivo kann es hier voll werden. Checken Sie die Facebook-Seite des Ladens – ab und zu treten hier am Abend auch Jazzbands auf.

LUNCH

13 **Aromaticus**
Via Urbana 134
aromaticus.it
Jetzt haben Sie die berühmte Qual der Wahl: Zwei unserer Lunch-Hotspots liegen auf der gleichen Straße ... Koch Luca de Marco und Sommelière Francesca Lombardi führen das Aromaticus als gelungene Mischung aus Bistro und Urban Gardening Shop gemeinsam mit sehr viel Hingabe. Auf der kleinen Karte mit Gerichten von Taboulé bis Tartar und frischen Salaten wird bestimmt jeder fündig. Anschließend kann man nach Herzenslust Gartenutensilien wie Gießkannen in allen Formen und Größen shoppen – oder sich einfach nur für den Balkon daheim inspirieren lassen.

14 **Madre**
Largo Angelicum 1a
madreroma.com
Mix aus Lounge, Bar und lässiger Terrasse: modern und farbenfroh designter In-Place mit eklektisch-eleganten Möbeln und viel Grün. Auf der Karte stehen neben Gourmet-Pizzen Gerichte mit südamerikanischen Einflüssen. Sehr beliebter Newcomer der Gastroszene – auch zum Dinner und danach!

15 **Zia Rosetta**
Via Urbana 54
ziarosetta.com
Die feinsten belegten Brötchen (keine Panini!) der Stadt: Sie können zwischen mehr als 20 verschiedenen Belägen wählen, dazu gibt's Salate, Säfte und Smoothies. Besonders köstlich: »Peggy Rockefeller« mit Schinken, Parmesan und gegrillter Aubergine. Und »Gertrude« – Roastbeef, grüne Bohnen, Senf und Pfeffer.

DINNER

16 **Il Tempio di Iside**
Via Labicana 50
isideristorante.it
Lust auf frisches Seafood? Dann schnell hier reservieren! Das Lokal, das abseits der Touristenströme liegt, wird oft als bestes Fischrestaurant der Stadt gelobt. Besonders für seine Auswahl an exquisiten Meeresfrüchten, die hier in allen möglichen Varianten aus der Küche kommen.

17 **Trattoria Monti**
Via di San Vito 13a
Gute Küche aus den Marken zu fairen Preisen. Das kleine Lokal ist gemütlich eingerichtet, auf der großen Weinkarte ist für jeden Geschmack und Geldbeutel etwas dabei. Sowohl die Pasta- als auch die Fleischgerichte sind auf den

INSIDER-TIPP DER CREW

IN RÖMISCHEN CAFÉ-BARS GIBT ES »MARITOZZI«. DIESE GIBT'S NUR IM GROSSRAUM ROM. SEHR LECKER, ABER SEHR MÄCHTIG. EINE SÜSSE BRIOCHE – AUFGESCHNITTEN UND MIT SÜSSER SAHNE GEFÜLLT. DAS INTERESSANTE IST DER NAME. ER KOMMT AUS DEM RÖMISCHEN DIALEKT UND BEDEUTET FREI ÜBERSETZT »WOHLSTANDS-BÄUCHLEIN DES VERHEIRATETEN MANNES«. UND WENN MAN DIESE KÖSTLICHKEIT REGELMÄSSIG ISST, KANN MAN AN SICH BEOBACHTEN, DASS DER NAME STIMMT.

Claus Harder
Pilot

Blickfang: die Lobby des reizenden Boutique-Hotels Fifteen Keys

MAPPE MONDE

Punkt zubereitet. Unbedingt Platz für Nachtisch lassen. Wer Lust auf einen kleinen Verdauungsspaziergang hat: die magische Pforte – (18) **Porta Magica,** auch Porta Alchemica genannt – ist gleich um die Ecke an der Piazza Vittorio. Dort stehen die geheimnisvollen Relikte eines im 17. Jahrhunderts errichteten Portals, das zur Villa des Alchimisten Massimiliano Palombara führte.

DRINKS UND AUSGEHEN

(19) **Blackmarket**
Via Panisperna 101
blackmarketartgallery.it
Kleine intime Bar mit wild durcheinandergewürfelten Möbeln und versteckten Ecken. Auch zum Aperitivo beliebt. Ab und zu spielen Live-Acts aus der Folk- und Indie-Szene. Und für Up-and-coming-Künstler werden Vernissagen veranstaltet. Auf der Karte stehen Biersorten von kleinen Brauereien, Klassiker und Eigenkreationen wie »Mediterranean Mule«. Zu später Stunde hungrig? Den »Tuna Tartare Burger« ordern! Wer das Konzept mag – es gibt noch zwei weitere Blackmarket-Ableger in der Stadt.

(20) **Drink Kong**
Piazza di San Martino
Ai Monti 8
drinkkong.com
Er gilt als einer der Cocktail-Könige von Rom: Patrick Pistolesi, halb Italiener, halb Ire und – viel wichtiger – Barkeeper-Legende. Seine neue, sehr angesagte Bar versprüht einzigartiges Flair durch einen Mix aus futuristischem Ambiente und Film-noir-Setting. Weiteres Plus: Im Jungle Room treten regelmäßig ziemlich coole Bands auf.

EINKAUFEN

(21) **Estremi**
Via del Boschetto 2a
estremiroma.com
Für Liebhaber von Vintage-Chic: Estremi führt eine wunderbare Auswahl an Retro-Möbeln, shabby Home-Accessoires und recycelten Einzelstücken aus aller Welt. Dazwischen entdecken Sie Tücher aus Marokko und Kaschmir-Schals aus Indien. Kaufrausch-Gefahr! Gut zu wissen: Es gibt noch einen zweiten Laden in Trastevere.

(22) **Mercato Monti**
Via Leonina 46/48
mercatomonti.com
Der Vintage- und Designmarkt hat nur an Wochenenden geöffnet. Dann werden im Untergeschoss des Grand Hotel Palatino Kunsthandwerk, Kleidung, Schmuck von jungen Künstlern und Taschen verkauft, dazu mixt ein DJ smoothe Klänge im Hintergrund. Früh kommen, es kann ziemlich voll werden!

Angesagter Vintage-Markt: der Mercato Monti

KUNST UND KULTUR

23 Basilica di San Pietro in Vincoli

Piazza di San Pietro in Vincoli 4a

Pilger und Kunstliebhaber aus aller Welt besuchen diese Basilika aus dem 5. Jahrhundert aus mindestens zwei Gründen: Um die beeindruckende Moses-Skulptur von Michelangelo aus dem Jahr 1505 zu bewundern, sie sollte eigentlich der Mittelpunkt des Grabmals für Julius II. werden, und um die Ketten zu sehen, mit denen Petrus im Mamertinischen Kerker gefesselt war. Für deren Aufbewahrung wurde das Gotteshaus einst errichtet.

24 Chiesa di Santa Croce in Gerusalemme

Piazza di Porte Maggiore

santacroceroma.it

Die Kirche ist eine der sieben Pilgerkirchen der italienischen Hauptstadt. Sie wurde im Jahr 320 von Helena, der Mutter Kaiser Konstantins, gegründet. Und ist auch wegen ihrer Reliquien berühmt: ein kleines Stück vom Kreuz Christi und der Finger des ungläubigen Thomas. Angeblich hat Helena beides aus Jerusalem nach Rom gebracht.

Eines der geräumigen Zimmer der Villa Spalletti Trivelli, einem exquisiten kleinen Hotel mit spannender Historie

SCHLAFEN

25 Fifteen Keys

Via Urbana 6/7

fifteenkeys.com

Charmantes Refugium mit 15 Gästezimmern, jedes ist mit Vintage-Lampen, 50er-Jahre-Stühlen und leuchtenden Farben geschmackvoll gestylt. Im Sommer wird das Frühstück im idyllischen Innenhof serviert. DZ ab ca. 150 €.

26 Inn at the Forum Romanum

Via degli Ibernesi 30

theinnattheforumromanum.com

Boutique-Hotel mit 14 Zimmern (in den Bädern stehen Etro-Produkte) und einer Dachterrasse. Toll: Das Haus besitzt sogar seine eigenen Ruinen aus dem 1. Jahrhundert n. Chr. DZ ab ca. 180 €.

27 Villa Spalletti Trivelli

Via Piacenza 4

villaspalletti.it

Die Nichte von Napoleons Schwester Carolina ließ diese prachtvolle Villa einst errichten. Heute ist das kleine Luxushotel eine Schatzkammer mit Wandteppichen aus dem 16. Jahrhundert, Kunst und wertvollen Antiquitäten. Die 14 geräumigen Zimmer mit Marmorbädern besitzen fast alle einen Blick auf den hübschen Garten. Himmlisch zum Relaxen: die Dachterrasse mit Liegestühlen und Whirlpool. DZ ab ca. 470 €.

DIEGO DELLA VALLE

Tod's-Inhaber Diego Della Valle ist einer der mächtigsten Unternehmer Italiens. Gemeinsam mit seinem Bruder Andrea führt er eine der wichtigsten Modefirmen der Welt, zu seinem Imperium gehören neben der ikonischen Marke Tod's auch Hogan, Fay und Roger Vivier. Vorbildlich: Die Geschwister stifteten 25 Millionen Euro aus ihrem Privatvermögen für die notwendige Renovierung des maroden Kolosseums. Jetzt sieht es fast wieder so aus wie zu Zeiten der Kaiser, als hier die Gladiatoren um Leben und Tod kämpften. In der ersten Restaurierungsphase wurden die Mauern von Schmutz und Staub zweier Jahrtausende befreit, zudem wurden die Bogenstrukturen verstärkt und die Metalltore erneuert.

Diego Della Valle (links)
mit seinem Bruder Andrea

Bei der Renovierung des Kolosseums wird akribisch gearbeitet.

WELCHES IST IHR LIEBLINGSVIERTEL? ___

___ Wenn man von einer der schönsten Städte der Welt spricht, ist es nicht so einfach, die beste Gegend zu wählen. Rom ist so vielfältig, überraschend und charmant in jeder Hinsicht. Ich liebe es, über die Piazza di Spagna zu bummeln und von der Piazza del Popolo zum Campo de' Fiori. Ich erinnere mich bis heute noch deutlich an mein erstes Mal in Rom, als wir mit dem Schulbus ankamen, um das **Kolosseum** zu besuchen. Wir fuhren wieder heim und hatten etwas Traumhaftes gesehen. Und das ist genau das, was ich in Zukunft gerne immer sehen möchte. Damals erschien mir das Kolosseum wirklich großartig. Es ist eines der weltweit bekanntesten Denkmäler - eines der wahren Symbole Italiens, das für »Made in Italy« steht, für die Kultur, das Erbe und die Wurzeln des Landes. Überall auf der Welt, auch an den unbekanntesten Orten, findet man immer ein Bild des Kolosseums. Es erzählt die Geschichte unseres Landes, es erzählt die Geschichte unserer Zivilisation.

Jahrelang war die Außenfassade des Wahrzeichens von Rom mit Gerüsten bedeckt. Nun kann man sie wieder ungestört bewundern, denn die zweite Phase der Restaurierung hat begonnen. Die unterirdischen Grabkammern und die Kellerräume des 2000 Jahre alten Gebäudes werden wiederhergerichtet. Einst mussten sich hier die Gladiatoren aufhalten - und die wilden Tiere, bevor sie in die Arena gehetzt wurden. Bisher war dieser Bereich nur während der Führung zugänglich. Durch das Engagement der Della Valles soll er bald für alle Besucher offenstehen. Diego Della Valle hat so viel wie kein anderer Unternehmer in die Kulturgüter seines Landes investiert. Auch andere Modeunternehmer folgten seinem Beispiel.

WOHIN GEHEN SIE GERNE ZUM FRÜHSTÜCKEN? ___

___ Ich liebe es, herumzulaufen und in kleinen typischen Bars auf einen perfekten italienischen Kaffee vorbeizuschauen. **Sant'Eustachio** (S. 22) an der Piazza Sant'Eustachio hinter der Piazza Navona ist eine davon.

WO KANN MAN AM BESTEN ZU MITTAG ESSEN? HABEN SIE EIN LIEBLINGSGERICHT? ___

___ Mein Lieblingsgericht ist einfach: Spaghetti mit frischen Tomaten und Basilikum, aber in Rom ist es natürlich Pflicht, »**Cacio e Pepe**« zu essen. Es gibt ein paar Orte, die besonders zum Mittagessen perfekt sind. Das **Roscioli** (S. 24), ein familiengeführtes ehemaliges Lebensmittelgeschäft, das **Da Gina** (Via Giovanni Antonio Plana 11) in Parioli und die **Trattoria da Cesare** (Via del Casaletto 45, *trattoriadacesare.it*), 20 Autominuten vom Stadtzentrum entfernt, was heißt, dass es dort nicht sehr touristisch ist.

IHRE TIPPS FÜRS DINNER? ___

___ Zum Abendessen empfehle ich das **La Barchetta** (Via Giavanni Pierluigi da Palestrina 35, *trattoriadellabarchetta.it*), eine typisch römische Trattoria mit dem besten authentischen Essen der Stadt. Und das **Dal Bolognese** (S. 41). Die köstlichsten Meeresfrüchte der Stadt bekommen Sie in der Osteria **La Gensola** (Piazza della Gensola 15, *osteria-lagensola.it*) gegenüber

Mit einem grandiosen Konzert feierte Tod's die Beendigung der ersten Renovierungsphase des Kolosseums.

der Tiberinsel. Ich rate Ihnen, einen Tisch im ersten Raum zu reservieren.

WAS SIND DIE BESTEN ORTE, UM KUNST ZU ERLEBEN?

Ich bin ein Kunstliebhaber und Sammler. Aber es gibt keine speziellen Galerien, die ich immer wieder besuche. Was die Museen betrifft ... Rom ist ein Open-Air-Museum. Wenn ich eines wählen sollte, dann wäre es die **Galleria Borghese** (S. 56) mit Apollo und Daphne.

WELCHES IST DAS CHARMANTESTE HOTEL DER STADT?

Mein Lieblingshaus ist das **Hotel Hassler** (S. 41). Der Service und die Location sind hervorragend. Der ideale Ort, um zu den schönsten Orten Roms zu spazieren. Ich reserviere immer das gleiche Zimmer mit einer großen Terrasse und einer wunderschönen 360-Grad-Aussicht über die Stadt.

WO KAUFEN SIE GERNE EIN?

Am liebsten in der **Salumeria Volpetti** (S. 93) – eine echte Institution, wenn Sie Käse, Schinken oder Wein besorgen wollen. Außerdem bummle ich gerne durch Trastevere. Der älteste und authentischste Flohmarkt der Stadt findet jeden Sonntag an der Porta Portese statt.

WIE WÜRDEN SIE DAS LEBENSGEFÜHL VON ROM BESCHREIBEN?

Lebhaft, chaotisch und sehr inspirierend.

1—Piazza Venezia
2—Vittoriano
3—Kapitolinische Museen
4—Forum Romanum
5—Lapis Niger
6—Tempel des Julius Cäsar
7—Vestatempel
8—Palatin

9—Li Rioni a Santiquattro
10—Basilica in San Giovanni in Laterano
11—Scala Santa
12—Rivareno Gelato
13—Café Café
14—Taverna dei Quaranta
15—Crab
16—Osteria Circo

17—The Race Club
18—Basilica di San Clemente
19—Bocca della Verità

20—Kolosseum
21—Fortyseven
22—Palazzo Manfredi

TOUR

5

RUND UM FORUM ROMANUM & KOLOSSEUM

Südlich des Centro Storico liegen die einzigartigen historischen Wahrzeichen von Rom: das Kolosseum, der Campidoglio mit den Kapitolinischen Museen, das Forum Romanum und der Palatin, einer der sieben Hügel der Stadt und der legendenumwobene Geburtsort von Rom. Nachdem die Zwillinge Romulus und Remus im Tiber ausgesetzt worden waren, bewahrte eine Wölfin sie vor dem Tod und säugte sie – deswegen ist die Wölfin auch allgegenwärtig im Stadtbild von Rom. Im Jahr 753 vor Christus gründete Romulus auf dem Palatin die spätere italienische Hauptstadt, nachdem er seinen Bruder Remus im Streit getötet hatte. Während es tagsüber vor Touristen nur so wimmelt, wird die Gegend am Abend ziemlich ruhig. Gerade beim Sonnenuntergang hat man einen besonders schönen Blick vom Kapitol aufs Forum Romanum. Und feine Restaurants gibt es in dieser Gegend auch.

ANTIKE PUR: VON DER PIAZZA VENEZIA ZU DEN KAPITOLINISCHEN MUSEEN UND DEM FORUM ROMANUM BIS ZUR BASILICA DI SAN GIOVANNI IN LATERANO

Startpunkt ist die ⟨1⟩ **Piazza Venezia,** einer der verkehrsreichsten Plätze der Stadt, mit dem riesigen Marmormonument ⟨2⟩ **Vittoriano.** Das Nationaldenkmal Italiens ist ein Symbol für Glanz und Einheit der Nation, zu Ehren von Viktor Emanuel II., dem ersten König des vereinten Italiens. Praktisch: Mit dem Lift können Sie innerhalb von Sekunden ganz nach oben auf die Dachterrasse fahren und einen der schönsten Ausblicke auf die Stadt genießen. Von der Piazza Venezia aus sind es nur ein paar Schritte zur Piazza di Campidoglio mit den ⟨3⟩ **Kapitolinischen Museen,** den ältesten öffentlichen Museen der Welt. In zwei eindrucksvollen Palazzi befinden sich die großartigsten Sammlungen von Gemälden und Skulpturen der Antike. Tipp: Pause im Museumscafé Terrazza Caffarelli – von seiner Terrasse aus hat man ebenfalls einen Megablick. Links neben dem Senatorenpalast steht ein verkleinertes Abbild der berühmten Wölfin mit den Zwillingen Romulus und Remus. Gehen Sie an ihm vorbei, auf der Rückseite des Kapitols hinunter zu den Kaiserforen und weiter zum ⟨4⟩ **Forum Romanum,** das in einer Senke zwischen Palatin und Kapitol liegt – das Herzstück des alten Roms. Hier spielte sich einst das gesamte politische und gesellschaftliche Leben der Stadt ab, wobei man heute durchaus Fantasie braucht, um sich die Paläste und Prachtstraßen voller Leben vorzustellen. Spazieren Sie zwischen den verstreuten Ruinen umher, die alle gekennzeichnet sind. Der ⟨5⟩ **Lapis Niger,** ein schwarzer Marmorblock, ist das älteste Denkmal hier: Unter dem Stein ist angeblich Gründer Romulus begraben. Der ⟨6⟩ **Tempel des Julius Cäsar** wurde an der Stelle errichtet, an der die Leiche Cäsars verbrannt wurde. Und im runden ⟨7⟩ **Vestatempel** bewachten die Vestalinnen das heilige Feuer. Am besten früh am Morgen kommen, um die Touristenströme zu umgehen. Nehmen Sie den südwestlichen Ausgang und steigen Sie auf den ⟨8⟩ **Palatin** mit seiner Aussichtsterrasse, den beeindruckenden Ruinen und Blick übers Forum Romanum. Über die Via San Gregoria geht es weiter zu einem der Höhepunkte Roms: dem Kolosseum (S. 83). Zeit für eine Pause: Auf die Via Labicana in Richtung Osten, dann rechts in die Via Normanni und links in die Via di Santi Quattro zu ⟨9⟩ **Li Rioni a Santiquattro** (Via dei Santi Quattro 24), die Pizzen sind lecker! Gut gestärkt steht die Besichtigung einer der ungewöhnlichsten Kirchen der Stadt, der Basilica di San Clemente (S. 82), auf dem Programm. Und zuletzt noch eines der bedeutendsten Gotteshäuser der Welt: Über die Via di San Giovanni in Laterano gelangen Sie zum riesigen Platz vor dem Lateran. Die ⟨10⟩ **Basilica di San Giovanni in Laterano** galt 1000 Jahre lang als wichtigste Kirche des Christentums, auch heute noch ist sie die offizielle Kathedrale Roms. Doch zum Lateran gehört nicht nur die Kirche, sondern auch ein gewaltiger Palast. Und auf dem Platz zwischen den beiden erhebt sich der höchste und älteste Obelisk Roms. Eindrucksvoll: die ⟨11⟩ **Scala Santa,** angeblich jene Treppe, auf der Jesus in den Palast von Pontius Pilatus ging – Pilgern ist sie heilig. Holen Sie sich zum Abschluss ein Eis bei ⟨12⟩ **Rivareno Gelato** (Via Magna Grecia 25) – wir empfehlen »Strawberry Fields«!

Im Uhrzeigersinn: Der Titusbogen im Forum Romanum. In der Gegend gibt es trotz der Touristenströme urige Trattorien. Schlemmen mit kolossalem Blick: Palazzo Manfredi. Toll zum Relaxen: Zimmer im Hotel Fortyseven. Beliebt zum Aperitivo: Spritz in allen Varianten

Schräges Hangout: The Race Club

ESSEN UND TRINKEN

FRÜHSTÜCK

⑬ **Café Café**
Via dei Santi Quattro 44
cafecafebistrot.it
Gemütliches Hangout mit sehr relaxter Atmosphäre gleich hinter dem Kolosseum – dennoch relativ untouristisch. Die Pancakes mit Nutella und der griechische Joghurt mit Früchten von der Frühstückskarte sind zu empfehlen, aber auch die Lunchgerichte sind auf ordentlichem Niveau. Und: Man kann zwischen sehr vielen verschiedenen Teesorten wählen!

LUNCH

⑭ **Taverna dei Quaranta**
Via Claudia 24
tavernadeiquaranta.com
Einfache Trattoria in einer ruhigen Ecke der Gegend. Besonders nett ist es hier während der warmen Monate, wenn man an den kleinen Tischchen mit den rot-weißen Decken speisen kann. Am besten die Klassiker bestellen – damit macht man nichts verkehrt. Anständiges Preis-Leistungs-verhältnis.

DINNER

⑮ **Crab**
Via Capo d'Africa 2
ristorantecrab.it
Das Lokal schafft es regelmäßig auf die oberen Listenplätze, wenn die besten Seafood-Restaurants der Stadt gewählt werden. Tipp: Der Hummersalat ist ein Gedicht und die Spaghetti mit Seeigeln wirklich unübertroffen. Außerdem geben sich die Kellner wirklich Mühe und die Weinpreise sind vernünftig.

⑯ **Osteria Circo**
Via dei Cerchi 79
osteriacirco.it
Traditioneller Laden mit uriger Einrichtung und herzlichen Bedienungen, der für seine Fleischgerichte und die Carbonara sehr gelobt wird. Auch zum Lunch zu empfehlen, um während der ambitionierten Besichtigungstour frische Energie zu tanken!

DRINKS UND AUSGEHEN

⑰ **The Race Club**
Via Labicana 52
theraceclubspeakeasyroma.com
Angesagter Latenight-Hotspot und Cocktailbar der Brüder Diego und Dario Ferracani gleich beim Kolosseum. Man chillt auf Ledersesseln und abgewetzten Plüschsofas und schlürft exzellent gemischte Cocktails. Versuchen Sie einen »Jalapina Mule« – aber nur einen! Bis 3 Uhr morgens geöffnet.

Atemberaubend: das gewaltige Kolosseum, in dem einst ziemlich oft grausame Spiele zur Belustigung des Volkes abgehalten wurden

KUNST UND KULTUR

18 Basilica di San Clemente
Via Labicana 95
basilicasanclemente.com
Die vielleicht ungewöhnlichste Kirche von Rom: Drei religiöse Orte sind hier im Laufe der Zeit übereinander gebaut worden, ein heidnischer und zwei christliche. Ganz unten befindet sich das Mithras-Heiligtum, darauf war im Jahr 385 eine Basilika gebaut worden, die die Normannen zerstörten. Auf diese Ruinen setzte man dann im 12. Jahrhundert die jetzige Kirche. Beeindruckend: die Marmorintarsien im Fußboden und ein wunderschönes goldenes Apsismosaik. Unbedingt auch die Unterkirche besichtigen, mit romanischen Wandgemälden und ihrem sehenswerten Fresko aus dem 10. Jahrhundert – man erreicht sie über eine schmale Treppe. Auf keinen Fall verpassen: Zu den Ausgrabungen des Mithräums, noch eine Etage tiefer, gelangt man vom rechten Seitenschiff aus.

19 Bocca della Verità
Piazza Bocca della Verità 18
Der »Mund der Wahrheit« in der Vorhalle der Kirche Santa Maria in Cosmedin erfreut sich größter Beliebtheit. Vor dem mittelalterlichen Lügendetektor, ein bärtiges Gesicht auf einem mittelalterlichen Kanaldeckel, herrscht oft großer Andrang. Der Legende nach wird jedem die Hand abgebissen, der sie in den Mund legt und dabei die Unwahrheit spricht. Weltweit berühmt wurde er durch den Film »Ein Herz und eine Krone« mit Audrey Hepburn und Gregory Peck.

Nobel nächtigen und dabei auf eines der Wahrzeichen der Ewigen Stadt gucken: Zimmer im Palazzo Manfredi

Blick vom 47 Circus Roof Garden des Hotels Fortyseven

(20) Kolosseum
Piazza del Colosseo
coopculture.it
Eines der aufregendsten Monumente der italienischen Hauptstadt. Kaiser Vespasian gab die gigantische Arena im Jahr 72 nach Christus in Auftrag. Eröffnet wurde sie dann von seinem Sohn und Nachfolger Titus acht Jahre später – mit einem 100-tägigen Fest. Das etwa 70 000 Plätze umfassende Amphitheater, zu dem die Besucher freien Eintritt hatten, war Schauplatz exzessiver Spektakel, die das Volk unterhalten sollten: Vor rasendem Publikum mussten zum Beispiel Gladiatoren gegeneinander oder gegen wilde Tiere um Leben und Tod kämpfen. Sehr spektakulär waren auch die nachgestellten Seeschlachten, für die das Kolosseum sogar geflutet wurde. Bis ins Jahr 523 nach Christus war das Amphitheater in Betrieb, danach diente es als Festung und sogar als Steinbruch. In den letzten Jahren hat Diego Della Valle, Inhaber der Tod's-Group, 25 Millionen Euro für die notwendige Restaurierung des Denkmals gestiftet. Interessanter Fakt: Die antike Arena dient heute auch als Mahnmal gegen die Todesstrafe. Wann immer diese in einem Land abgeschafft wird, wird das Kolosseum für 48 Stunden in buntem Licht angestrahlt.

SCHLAFEN

(21) Fortyseven
Via Luigi Petroselli 47
fortysevenhotel.com
Gleich beim Forum Romanum gelegen, super praktisch, um die historischen Stätten zu erkunden. Modern designte Zimmer mit hellen Farben, Parkettböden und Bildern von zeitgenössischen italienischen Künstlern, die schönsten liegen im fünften Stock. Vorbestellen lohnt sich: Die Plätze im 47 Circus Roof Garden auf dem Dach sind auch bei Nicht-Hotelgästen heiß begehrt – nicht nur wegen des Blicks auf den Palatin. DZ ab ca. 230 €.

(22) Palazzo Manfredi
Via Labicana 125
palazzomanfredi.com
Elegantes Stadtpalais aus dem 17. Jahrhundert mit Wahnsinnsblick aufs Kolosseum, vor allem von der Dachterrasse aus. Hier befindet sich auch eines der Highlights des Hauses, das zu Relais & Chateaux gehört: das Restaurant Aroma, wo Giuseppe Di Iorio römische Küche neu interpretiert – unbedingt einen Tisch reservieren. Historisch interessant: Der Palazzo wurde auf den Ruinen einer Gladiatorenschule errichtet. Die 20 Zimmer sind en vogue eingerichtet. DZ ab ca. 390 €.

STELLA JEAN

Die Entwürfe der italienisch-haitianischen Designerin sind weltweit begehrt. Stella Jean gehört zu den richtungsweisenden Modemachern, die dafür sorgen, dass die italienische Hauptstadt modisch endlich wieder international eine Rolle spielt. Sie wuchs in Rom auf, als Enkelin des ehemaligen Botschafters von Haiti in Rom. Später modelte sie für Egon von Fürstenberg, studierte ein paar Semester Politik und gewann schließlich 2011 den italienischen Modewettbewerb »Who's on Next«.
Stella Jeans Kollektionen vereinen die verschiedensten kulturellen Einflüsse, sie setzt auf starke Farben, klassische Schnitte und bunte Prints. Die Designerin lebt mit ihren beiden Kindern in Rom (*stellajean.it*).

WELCHES VIERTEL LIEGT IHNEN BESONDERS AM HERZEN?

Ich liebe das jüdische Ghetto Roms und seine bedeutende Geschichte. Es ist ein Beispiel für die Widerstandsfähigkeit - davon gibt es nur wenige auf der Welt.

WOHIN GEHEN SIE GERNE ZUM FRÜHSTÜCKEN?

Ins **Caffè delle Arti** (S. 52) in der **Galleria Nazionale d'Arte Moderna (GNAM)** an der Villa Borghese oder ins **Colbert** in der **Villa Medici** (Viale delle Trinità dei Monti, *caffecolbert.it*). Warum? Wegen der Kunst. Immer und immer wieder wegen der Kunst.

UND WAS EMPFEHLEN SIE FÜR DEN LUNCH? HABEN SIE EIN LIEBLINGSGERICHT?

Sie sollten in einer Drogheria zu Mittag essen, das ist die italienische Version der Bodega. Und probieren Sie unbedingt **Ercoli** (Via Montelli 26, *ercoli-1928.com*) aus, den Delikatessenladen! Hinter der Feinkosttheke befindet sich ein kleiner Raum, an dem die Jahrhunderte spurlos vorübergegangen sind. Die Küche verwendet wirklich sehr gute Zutaten.

IHRE DINNERTIPPS?

Für ein authentisches Geschmackserlebnis empfehle ich Ihnen **La Sagra del Vino da Candido** (Via Marziale 5). Eine von einer römischen Familie geführte Hostaria, in der Sie die echte Gastfreundschaft der Familienmitglieder von dem Moment an, in dem Sie das Lokal betreten, bis zum Moment, an dem Sie gehen, erleben werden. Für eine leckere Pizza in guter Gesellschaft empfehle ich die **Locanda dei Girasoli** (Via dei Sulpici 117H, *lalocandadeigirasoli.it*).

WAS SIND DIE BESTEN ORTE FÜR EINEN DRINK DANACH?

Für einen After-Dinner-Drink oder auch tagsüber, um sich zu erfrischen, ist **Dar Pistola** an der Piazzale Ponte

Gesamtkunstwerk auf dem Pincio: die Villa Medici

Milvio ein Muss. Alternativ können Sie sich dort auch eine Scheibe Wassermelone oder eine Grattachecca (Wassereis mit Fruchtsirup) holen. Mit dieser Location liegen Sie garantiert nicht falsch und die Gegend ist immer voller Leben.

GIBT ES EINE KNEIPE, DIE SIE EMPFEHLEN KÖNNTEN? ___

___ In Italien bevorzugen wir Weinstuben statt Pubs, das ist romantischer. Ich mag die **Enoteca Il Piccolo** (S. 26). Der Name selbst sagt alles über ihre Größe aus, und die ist umgekehrt proportional zum grandiosen Charme des Ortes.

WELCHE SIND DIE BESTEN ORTE, UM IN DIE KUNSTWELT EINZUTAUCHEN? ___

___ Die **Fondazione Micol Fontana** (Via di San Sebastianello 6, *micolfonatana.it*), in der man einen Teil der italienischen Modegeschichte erleben kann, ist sicherlich einen Besuch wert, ebenso wie das **Jüdische Museum** (Via Catalana, *museoebraico.roma.it*) im Ghetto.

WELCHE SEHENSWÜRDIGKEITEN SIND EIN MUSS? ___

___ Wenn Sie im Mai in Rom sind, sollten Sie die Goldene Madonna besuchen, die seit 1953 vom Monte Mario aus über Rom wacht (Chiesa di Santa Maria del Rosario, Via Alberto Cadlolo 51). Es ist der einzige Ort in Rom, an dem man nachts noch Glühwürmchen sehen kann.

WAS DARF MAN AUSSERDEM NICHT VERPASSEN? ___

___ Das jüdische Ghetto.

Für eine leckere Pizza in guter Gesellschaft empfehle ich die Locanda dei Girasoli

WO KAUFEN SIE GERNE EIN?

___ Bei **Limentani** im Viertel Prati für besonders hübsche Home-Deko (Via Giovanni Vitelleschi 10, *limentani.it*) und bei **Nia** (Via Vittoria 48, *niaroma.com*) – toll kuratierte Auswahl an Mode.

WELCHES THEATER KÖNNEN SIE EMPFEHLEN? ___

___ Das **Teatro Patologico** in der Via Cassia (Nr. 472, *teatropatologico.org*) – ein avantgardistisches Theater für starke Seelen.

WAS SOLLTE MAN IMMER KAUFEN, WENN MAN IN ROM IST?

___ Die Schönheit Roms kann man nicht mitnehmen. Saugen Sie mit Ihren Augen und Ihrem Geist so viel wie möglich von der großartigen Schönheit der Stadt auf!

WO KANN MAN AM BESTEN ENTSPANNEN? ___

___ Machen Sie einen Spaziergang durch die historische Altstadt, lassen Sie sich treiben und verlaufen Sie sich. Sie werden dabei tolle Sachen erleben – und sich anschließend völlig regeneriert fühlen.

GIBT ES EINEN FRISEUR ODER BEAUTY-EXPERTEN, DEN SIE SCHÄTZEN? ___

___ Es gibt einen Friseur, der wirklich nie etwas falsch macht, selbst mit unmöglichem Haar wie meinem: Giuseppe bei **T.L.C.** in der Via Germanico 200. Und wenn Sie wollen, dass Sie jemand so richtig verwöhnt, gehen Sie zu Moreno bei **MAC Cosmetics** in der Via del Corso (Nr. 485), er kann Wunder vollbringen, zumindest was Schönheit betrifft!

WIE WÜRDEN SIE DIE ATMOSPHÄRE DER STADT BESCHREIBEN? ___

___ Hoffentlich erleben Sie einmal einen Regen am Morgen in Rom. Sobald er vorbei ist, liegt dieser einzigartige Geruch in der Luft, der von unseren tausend Jahre alten Steinen kommt. Er bleibt für etwa 15 Minuten, dann verschwindet er. Das ist der einzigartige Duft Roms, den auch Gladiatoren, Kaiser, Michelangelo und Caravaggio gerochen haben. Ein unverwechselbarer Duft, der uns mit der Geschichte dieser furchtlosen Wölfin, Gossengöre und Aristokratin namens Rom verbindet.

1—Circus Maximus
2—Roseto di Roma
3—Giardino degli Aranci
4—Villa del Priorato di Malta
5—Nuovo Mercato di Testaccio
6—Cimitero Acattolico

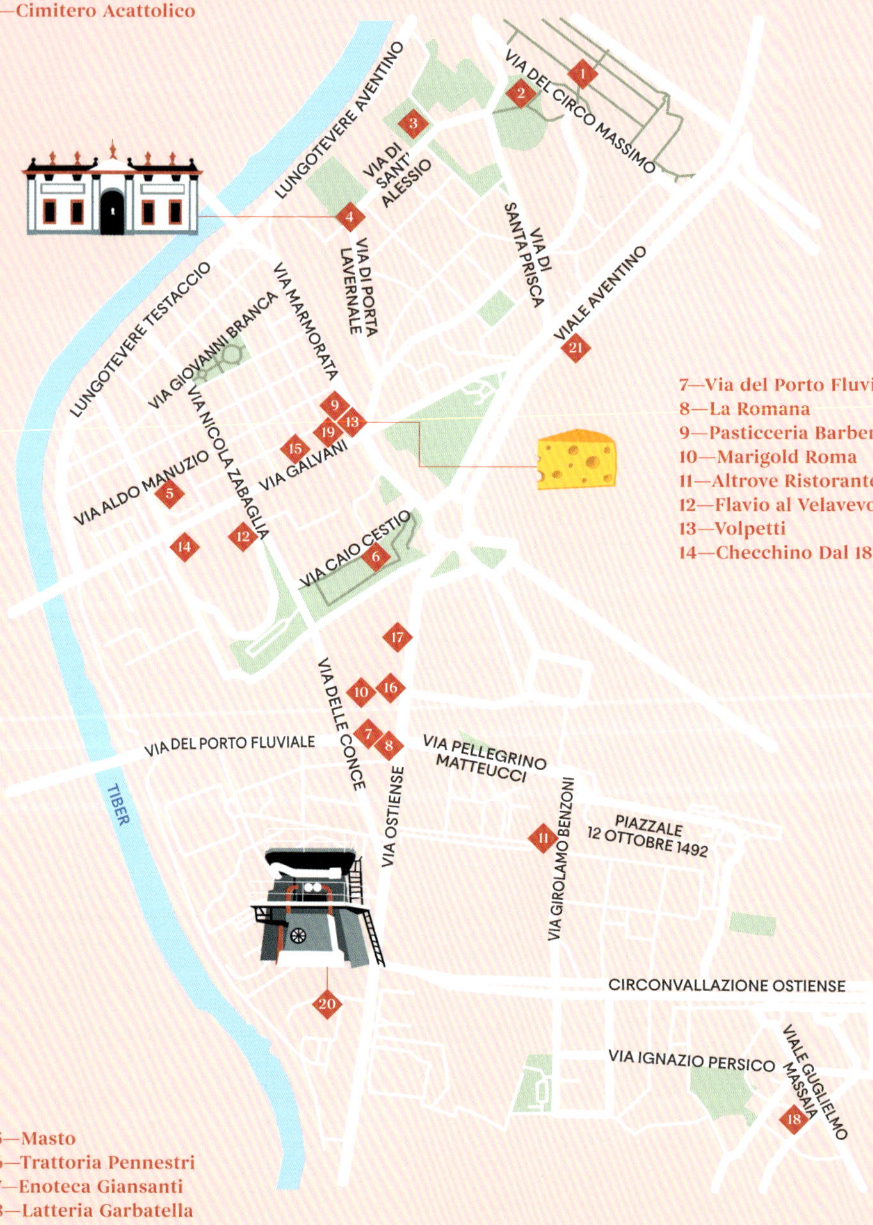

7—Via del Porto Fluviale
8—La Romana
9—Pasticceria Barberini
10—Marigold Roma
11—Altrove Ristorante
12—Flavio al Velavevodetto
13—Volpetti
14—Checchino Dal 1887

15—Masto
16—Trattoria Pennestri
17—Enoteca Giansanti
18—Latteria Garbatella
19—Le Bambole
20—Centrale Montemartini
21—The Corner Townhouse

TOUR

6

AVENTIN, TESTACCIO & OSTIENSE

Der Aventin, südlichster der sieben Hügel Roms, ist schon seit der Kaiserzeit eine der vornehmsten Wohngegenden der Stadt. Ganz im Gegensatz zum angrenzenden Testaccio: Das ehemalige Arbeiterviertel am Tiber hat seinen Namen vom Monte Testaccio, einem gut 30 Meter hohen Berg, den die Römer in der Antike aus den Scherben der Tongefäße, die zum Transport von Öl oder Wein benutzt wurden, anhäuften. Angeblich entstand ein großer Teil der römischen Küche rund um den Schlachthof des Testaccio. Heute ist das Viertel geprägt von kleinen Handwerksbetrieben, Bars und typischen Trattorien. Das benachbarte Ostiense, einst Industrieviertel im Süden der Stadt, liegt außerhalb der Stadtmauer und hat sich in den letzten Jahren zum Ausgehviertel entwickelt. Außerdem ist die Gegend mit ihren stillgelegten Fabriken für ihre Street-Art bekannt.

◆

VON DEN CARACALLA-THERMEN ÜBER DEN AVENTIN MIT SEINEM ORANGENGARTEN IN DAS VIERTEL TESTACCIO, DEN BAUCH VON ROM

◆

Startpunkt sind die grandiosen Caracalla-Thermen, die Überreste der antiken Thermenanlage, die zu den prachtvollsten der Stadt gehörte – mit viel Marmor, kostbaren Mosaiken und einem unterirdisch verlegten Umluftheizsystem. Ein wirklich grandioses Erlebnis: die Konzerte und Opern, die in den Sommermonaten hier aufgeführt werden. Weiter über die Via del Circo Massimo in Richtung Nordwesten, zum ⟨1⟩ **Circus Maximus** (Circo Massimo), wo sich noch die Umrisse der Rennbahn abzeichnen. In der größten Arena der Antike wurden gewaltige Wagenrennen veranstaltet. In der Spätantike passten sogar 385 000 Menschen auf die Zuschauertribünen. Linkerhand liegt der ⟨2⟩ **Roseto di Roma** (Via di Valle Murcia 6), der Rosengarten. Durchqueren Sie ihn auf der Via di Valle Murcia, dann links über die Via di Santa Sabina zum ⟨3⟩ **Giardino degli Aranci** (Piazza Pietro D'Illiria), dem Orangengarten mit zahlreichen Sitzbänken. Es gibt kaum einen wunderbareren Ort zum Entspannen und zum Genuss der tollen Aussicht über die Ewige Stadt. Der Straße ein paar Schritte weiter folgen, bis Sie zu einem unserer Lieblingsorte kommen: Der ⟨4⟩ **Villa del Priorato di Malta** (Piazza dei Cavalieri di Malta), dem Hauptsitz des Malteserordens. Wundern Sie sich nicht, dass vor dem Tor in der Regel einige Menschen anstehen. Sie wollen einen Blick durch das sagenhafte Schlüsselloch werfen, durch das man exakt auf die Kuppel des Petersdoms guckt: Sie wirkt zum Greifen nah. Um Schlangen zu vermeiden, gleich am Morgen kommen und nicht an den Wochenenden. Den Aventin wieder hinunterspazieren, über die Via di Porte Lavernale und die Via Marmorata ins Viertel Testaccio. Hungrig geworden? Auf der gegenüberliegenden Straßenseite liegt ein Feinkost-Dauerbrenner, das Volpetti (S. 93) mit seiner angeschlossenen Taverna. Gehen Sie nun die Via Alessandro Volta in Richtung Westen, bis Sie zum ⟨5⟩ **Nuovo Mercato di Testaccio** gelangen. Auch wenn die Markthallen etwas nüchtern wirken, findet hier werktags einer der besten Lebensmittelmärkte statt. Snacktipps: Mordi e Vai (Box 15) von Sergio Espositos für kleine römische Spezialitäten, Casa Manco (Box 22) für Pizza und Santa Clarita Tacos y Sushi für japanisch-mexikanische Fusion-Cuisine. Besichtigen Sie anschließend den ⟨6⟩ **Cimitero Acattolico** (Via Caio Cestio 6), einen Ort der Stille. Unter hohen Zypressen liegen all die, die auf dem katholischen Camposanti nicht begraben werden durften, unter anderem John Keats, Wilhelm von Humboldt und Johann Wolfgang von Goethes Sohn August. Von hier aus hat man auch einen tollen Blick auf die ungewöhnliche Pyramide des Cestius, ein Grabmal, das im Jahr 12 vor Christus entstand. Wer sich für Street-Art interessiert, nimmt die Via delle Conce in Richtung Süden, vorbei an Werken von Herbert Baglione zur ⟨7⟩ **Via del Porto Fluviale,** wo der Künstler Blu aus Bologna die Fassaden einer ehemaligen Militärbarracke einzigartig gestaltet hat. Und kehren Sie am Ende in der Gelateria ⟨8⟩ **La Romana** (Via Ostiense 48) ein, der beliebtesten Eisdiele im Viertel. Die Zitronen-Eiscreme erfrischt herrlich!

Rechte Spalte: Badezimmer im The Corner Townhouse (oben). Die Gelateria La Romana ist für ihre ausgefallenen Kreationen bekannt (Mitte). Old School: die Pasticceria Barberini (unten)

Linke Spalte: Nummer-Sicher-Adresse für die köstlichsten Delikatessen: der alteingesessene Feinkostladen Volpetti (oben). Street-Art des italienischen Künstlers Blu in der Via del Porto Fluviale (unten)

Fantastisch frühstücken im Marigold Roma

ESSEN UND TRINKEN

FRÜHSTÜCK

9 Pasticceria Barberini
Via Marmorata 41
pasticceriabarberini.it
Charmantes Café und Konditorei aus dem Jahr 1938, perfekt für ein kleines Frühstück in lebhafter Atmosphäre mit Cornetto und Cappuccino. Unbedingt eines der unzähligen süßen Törtchen probieren. Sehr günstige Preise!

10 Marigold Roma
Via Giovanni da Empoli 37
marigoldroma.com
Früher betrieben Sofie und Domenico das beliebte Pop-up-Restaurant The Eatery. Ihr neues Baby Marigold ist die perfekte Anlaufstelle für Frühstück, Brunch und Lunch: hausgemachtes Brot, leckere Zimtschnecken, geröstete Granola und ein sättigender Avocado-Toast mit pochiertem Ei. Mehr geht nicht!

LUNCH

11 Altrove Ristorante
Via Girolami Benzoni 34
altroveristorante.it
Das Altrove ist ein Restaurant mit einer Mission: Hier wird Integration aktiv gefördert. Das multikulturelle Team besteht zum Teil aus Einwanderern und Flüchtlingen, die hier auch ausgebildet werden. Von morgens bis abends geöffnet, mittags werden zum Beispiel Tempura, Ceviche und Couscous serviert.

⑫ Flavio al Velavevodetto
Via di Monte Testaccio 97
ristorantevelavevodetto.it
Bei Flavio De Maio kommt sehr leckere Cucina Romana auf den Tisch. Sterneköchin Christina Bowerman schwärmt ganz besonders von den »Tonnarelli Cacio e Pepe« (Pasta mit Pfeffer und Pecorino). Auch die »Rigatoni alla Matriciana» sind lecker! Herrlich relaxt: Im Sommer sitzt man gemütlich auf einer kleinen Terrasse oder im Innenhof.

⑬ Volpetti
Via Marmorata 47
Volpetti.com
Vorsicht, äußerst verführerisch! Direkt neben dem Barberini befindet sich der wunderbare Feinkostladen Volpetti, einer der besten Roms, der seit Jahrzehnten Fans weit über die Stadtgrenzen hinaus hat. Die Regale biegen sich unter den ausgesuchten Köstlichkeiten, es gibt über 150 Sorten Käse, eine tolle Auswahl an Schinken und feine Olivenöle aus fast allen Regionen Italiens.

DINNER

⑭ Checchino Dal 1887
Via di Monte Testaccio 30
checchino-dal-1887.com
Sehr traditionelles Lieblingslokal vieler Locals, die Anhänger von deftigen Fleischgerichten sind. Elio Mariani führt das Restaurant gemeinsam mit seinem Bruder Francesco in fünfter Generation und kennt die meisten Gäste persönlich. Wer richtig hungrig ist: Der Ochsenschwanz und die »Saltimbocca alla Romana« machen satt.

⑮ Masto
Via Galvani 39/41
Köstliches Kleinod: Lust auf ein easy Dinner in familiärer Atmosphäre? Dann nichts wie hierher! Mischung aus Feinkostladen, Weinbar und Mini-Lokal mit ausgesprochen engagiertem Personal. Alles ist hier natürlich hausgemacht – und schon vom leckeren Antipasti-Teller wird man ziemlich satt.

⑯ Trattoria Pennestri
Via Giovanni da Empoli 5
trattoriapennestri.it
Lässiges Ambiente, tolle Küche. Beim italienisch-dänischen Koch Tommaso Pennestri finden Sie auf der regelmäßig wechselnden Karte neben den klassischen römischen Gerichten auch diverse neu interpretierte Kreationen. Die Pastagerichte sind ein Gedicht, die Atmosphäre ist wirklich wunderbar. Am besten vorher reservieren!

INSIDER-TIPP DER CREW

DIE SCHÖNSTEN BILDER VON ROM KANN MAN BEI DER PYRAMIDE MACHEN. UND ICH GEHE GERNE ABENDS ZUM TREVIBRUNNEN, DA ER TAGSÜBER SO STARK BESUCHT IST.

Andrea Götz
Flugbegleiterin

Geschmackvoll eingerichtet: Zimmer im The Corner Townhouse

DRINKS UND AUSGEHEN

⑰ Enoteca Giansanti
Via Ostiense 34
enotecagiansanti.com
Eine der ältesten und traditionellsten Weinbars in Rom, die in fünfter Generation von Federica Giansanti herzlich und kompetent geführt wird. Tolle Auswahl an Weinen, lässige Atmosphäre, absolut faire Preise. Und ab und zu steht sogar Livemusik auf dem Programm.

⑱ Latteria Garbatella
Piazza Geremia Bonomelli 9
latteriagarbatella.com
Lieblings-Hangout von Künstlern und Hipstern, im Jahr 2015 von den beiden Freunden Omar, einem Architekten, und Federico, einem Kommunikationsexperten, eröffnet. Vorbildlich: Bei der Renovierung des Gebäudes wurden nur nachhaltige Materialien verwendet! Der Stil: eklektisch-modern – und aus den Lautsprechern tönt Folk-Rock.

EINKAUFEN

⑲ Le Bambole
Via Luca della Robbia 11
lebambole-testaccio.it
Wer Kitsch und Trödel liebt, sollte dem winzigen Laden von Eliana und Gianni unbedingt einen Besuch abstatten. Früher verkauften sie ihre Kostbarkeiten auf den Märkten an der Piazza Navona und der Porta Portese, 1988 gründeten sie ihre Werkstatt im Testaccio. Eine Schatzkammer, in der Sie von der eleganten Hutnadel über Putten und Porzellan bis hin zu bunten Lampenschirmen alles finden.

KUNST UND KULTUR

⑳ Centrale Montemartini
Via Ostiense 106
centralemontemartini.org
Kunst im Kraftwerk – einer der coolsten Ausstellungsorte der Stadt: Im ehemaligen Elektrizitätswerk erleben Sie einen Kultur-Clash – Antike meets modernes Rom. Neben den alten Turbinen und Kesseln thronen Kunstschätze aus den Kapitolinischen Museen, die hierher einst wegen des Umbaus ausgelagert worden waren und dann blieben: von kolossalen Statuen über Büsten bis zu farbenfrohen Mosaiken.

SCHLAFEN

㉑ The Corner Townhouse
Viale Aventino 121
thecornerrome.com
Elegantes Stadthaus mit mehreren farbenfroh eingerichteten Zimmern, eine Oase der Ruhe. Zusätzliches Plus: das noble Restaurant, das von Sterne-Koch Marco Martini geleitet wird. Toll im Sommer: der Lounge-Garten mit cooler Terrasse. DZ ab ca. 85 €.

Blick vom Giardino degli Aranci auf die Ewige Stadt

BIANCA BALTI

Ob Prada, Dolce & Gabbana, Marc Jacobs, Missoni oder Versace – das italienische Topmodel Bianca Balti lief schon für alle großen Fashionhäuser über den Runway. Sie zierte die Titelblätter unzähliger Modemagazine von Elle bis Numéro und war das Gesicht diverser Kampagnen, unter anderem von Missoni, Mango und Ferragamo. Und jetzt macht die zweifache Mutter, die mit dem Coach Matthew McRae verheiratet ist, selber in Fashion. Für ihre Bianca Balti Collection entwirft sie wunderschöne Schwangerschaftsmode – moderne, stylishe Kleider, in denen man sich nicht nur echt wohlfühlt, sondern auch ziemlich gut aussieht (*biancabalti.com*).

WAS IST IHRE LIEBLINGSGEGEND?

— Das ist sicherlich **Trastevere,** das Viertel mit dem meisten Charakter. Es spiegelt das Rom der Vergangenheit am besten wider, wo man sich in den bunten Gassen, blühenden Fassaden und Balkonen verlieren konnte. Hier finden Sie traditionelle Gasthäuser, in denen Sie noch authentisch römische Gerichte bekommen. Und Sie entdecken auch heute noch Handwerker, die in den wenigen noch erhaltenen Werkstätten arbeiten. Trastevere hat historischen Charme und abends trifft sich hier die Jugend in den Bars.

WO FRÜHSTÜCKEN SIE GERNE?

— Da habe ich einen Tipp: Wo auch immer Sie gerade in Rom sind, folgen Sie dem Duft der **Cornetti,** die frisch aus den Bäckereien kommen.

WOHIN GEHEN SIE GERNE ZUM LUNCH?

— Rom hat viele tolle Restaurants. Die **Piazza Navona** (S. 22), der **Campo de' Fiori** (S. 22) mit seinem charakteristischen Lebensmittelmarkt oder das von Geschichte umgebene **Ghetto** (S. 28) sind die perfekte Umgebung für ein unvergessliches Mittagessen. Meine Lieblingsgerichte sind »Cacio e Pepe«, »Carbonara«, »Matriciana«, »Saltimbocca alla Romana« und »Carciofi alla Giudia«.

IHRE TOP-TIPPS FÜRS ABENDESSEN?

— Es kommt wirklich darauf an. Manchmal entscheide ich mich für ein Abendessen im **Zuma** (Via della Fontanella di Borghese 48, *zumarestaurant.com*), einem japanischen Restaurant mit einer Terrasse mit Mega-Ausblick – trendy und stilvoll. Oder für das **Consolini** (Via Marmorata 28, *ristorante-consolini.it*), ein sehr hochwertiges Fischrestaurant. Aber normalerweise bevorzuge ich traditionellere Orte wie die **Osteria dal 1931** (Via di Donna Olimpia 44, *osteriadal1931.it*), wo sie die besten Artischocken servieren – ein Muss in der römischen Küche –, oder die **Taverna Trilussa** (S. 106) in Trastevere, wo die Pasta schmeckt wie nirgendwo sonst.

Ich empfehle Ihnen wirklich unbedingt, ein Konzert im Kolosseum zu besuchen

WAS SIND DIE BESTEN BARS FÜR EINEN DRINK?

— Ich trinke nicht, aber bekannterweise sind die trendigsten Pubs und Clubs in **Ponte Milvio.**

AN WELCHEN ORTEN KANN MAN KUNST BESONDERS GUT ERLEBEN?

— Im **MAXXI** (S. 56), wo Sie sich zwischen Kunst und Architektur verlieren können, mit Galerien, temporären Ausstellungen und fotografischen Sammlungen. Oder im **Mercati di Traiano** (S. 64), einem Museum, das archäologische Stätten und Fotoausstellungen kombiniert. Mit Blick auf die Fori Imperiali und das Kolosseum hat es außerdem eine extrem attraktive Aussicht. Im Jahr 2012 wurde mir dort eine Ausstellung mit dem Titel »Szenen aus einem Modemärchen« gewidmet.

WELCHE ANDEREN SEHENSWÜRDIGKEITEN SIND EIN MUSS?

— Die **Villa Borghese** (S. 50), nur wenige Schritte von der Piazza di Spagna entfernt, ist ein großer Park mit einer schönen Terrasse zur Piazza del Popolo. Im Herzen des Grüns befindet sich ein kleiner See, an dem Sie Boote mieten können, um zum Äskulap-Tempel zu kommen.

DAS CHARMANTESTE HOTEL DER STADT?

— Das **Hotel de Russie** (S. 38) an der Piazza del Popolo ist mein Favorit, da ich tolle Erinnerungen an die Dreharbeiten zu einem TV-Spot habe, den wir dort produzierten, während ich schwanger war.

Dolce Vita vom Feinsten: Die Stravinskij Bar des Hotel de Russie

VERRATEN SIE UNS IHRE VERSTECKTEN JUWELEN IN ROM?

— **»Il buco di Roma«** (S. 90), das Schlüsselloch eines alten Herrenhauses, durch das Sie gucken können. Sie werden den erstaunlichsten Ausblick erleben, nicht nur von Rom, sondern von der ganzen Welt!

GIBT ES EIN THEATER, DAS MAN UNBEDINGT SEHENSWERT IST?

— Ich empfehle Ihnen unbedingt, ein Konzert im **Kolosseum** zu besuchen, dem ältesten und bedeutungsvollsten Freilichttheater.

WAS SOLLTE MAN IMMER KAUFEN, WENN MAN IN ROM IST?

— Ich würde sagen, »Focaccia Romana«. Sorry, schon wieder Essen ...

WO IN ROM ENTSPANNEN SIE AM LIEBSTEN?

— Ich unternehme gerne mit meinem Freund einen Spaziergang zum **Gianicolo** und mache eine Pause für einen romantischen Kuss auf einer der Terrassen mit Blick auf Rom.

WIE WÜRDEN SIE DIE ATMOSPHÄRE DER STADT BESCHREIBEN?

— Rom ist pure Magie. Egal ob Sie alles, was Sie sehen wollen, akribisch planen oder sich in der Geschichte, dem guten Essen und der Schönheit verlieren, Sie werden die großartigste Zeit Ihres Lebens haben.

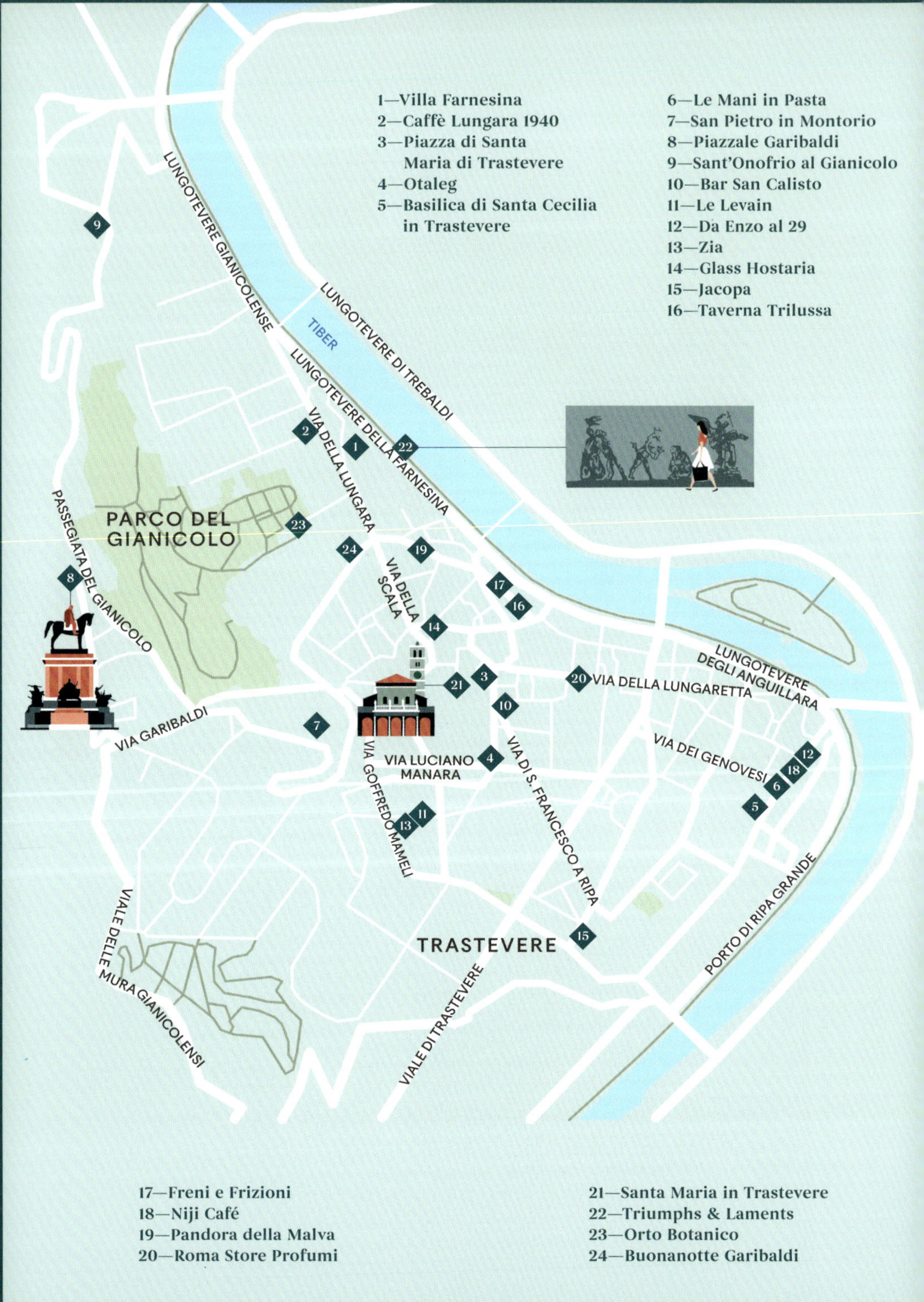
1—Villa Farnesina
2—Caffè Lungara 1940
3—Piazza di Santa Maria di Trastevere
4—Otaleg
5—Basilica di Santa Cecilia in Trastevere
6—Le Mani in Pasta
7—San Pietro in Montorio
8—Piazzale Garibaldi
9—Sant'Onofrio al Gianicolo
10—Bar San Calisto
11—Le Levain
12—Da Enzo al 29
13—Zia
14—Glass Hostaria
15—Jacopa
16—Taverna Trilussa
LUNGOTEVERE GIANICOLENSE
LUNGOTEVERE DI TREBALDI
TIBER
LUNGOTEVERE DELLA FARNESINA
VIA DELLA LUNGARA
PARCO DEL GIANICOLO
PASSEGIATA DEL GIANICOLO
VIA DELLA SCALA
LUNGOTEVERE DEGLI ANGUILLARA
VIA DELLA LUNGARETTA
VIA GARIBALDI
VIA LUCIANO MANARA
VIA GOFFREDO MAMELI
VIA DI S. FRANCESCO A RIPA
VIA DEI GENOVESI
PORTO DI RIPA GRANDE
TRASTEVERE
VIALE DELLE MURA GIANICOLENSI
VIALE DI TRASTEVERE
17—Freni e Frizioni
18—Niji Café
19—Pandora della Malva
20—Roma Store Profumi
21—Santa Maria in Trastevere
22—Triumphs & Laments
23—Orto Botanico
24—Buonanotte Garibaldi

TOUR

7

TRASTEVERE & GIANICOLO

»Auf der anderen Seite des Tiber« wurde das alte Handwerkerviertel genannt, das außerhalb der römischen Stadtmauern lag. Denn Rom war einst nur durch eine wackelige Holzbrücke mit dem westlichen Ufer des Flusses verbunden. Heute besticht diese urrömische Gegend mit authentischem Charme, verwinkelten Kopfsteinpflastergassen, alten Kirchen und gemütlichen Trattorien. Und an der Brücke im Süden von Trastevere, der Porta Portese, verkaufen jeden Sonntag ab 6 Uhr morgens unzählige Händler auf dem größten Floh- und Antikmarkt der Stadt ihre Schätze. Tipp: Wer einen echt unvergesslichen Blick auf die Stadt erleben will, sollte unbedingt einen Spaziergang über den Hügel Gianicolo zum Vatikan unternehmen.

VON DER VILLA FARNESINA AUF DIE PIAZZA DI SANTA MARIA IN TRASTEVERE, LUNCH MIT PASTA, DANN VIA PIAZZALE GARIBALDI AUF DEN GIANICOLO UND ZUM VATIKAN

Startpunkt ist die ⟨1⟩ **Villa Farnesina** (Via della Lungara 230) am Tiber, ein wahres Kleinod der Renaissance, mit Meisterwerken von Raffael und dem Perspektivensaal »Salone delle Prospettive« von Peruzzi im Obergeschoss. Sie gehörte einst einem der reichsten Bürger der Stadt, dem Bankier Agostino Chigi, der hier Anfang des 16. Jahrhunderts lebte. Kurze Cappuccino-Pause im ⟨2⟩ **Caffè Lungara 1940** (Via della Lungara 14/15), bevor Sie die Via della Lungara in Richtung Süden nehmen, zum Zentrum des Viertels: der ⟨3⟩ **Piazza di Santa Maria in Trastevere,** auf der man ganz wunderbar Leute beobachten kann, mit der gleichnamigen Kirche (S. 107). Tipp: Probieren Sie unbedingt das Eis bei ⟨4⟩ **Otaleg** (Gelato, rückwärts geschrieben, Via di San Cosimato 14a) – Pistazie und Feige sind im Moment unsere Lieblingssorten. Lust auf einen Shoppingbummel? Spazieren Sie über die Via del Moro mit ihren Läden und biegen Sie links und rechts in die kleinen verwinkelten Gässchen ab. Weiter im Sightseeing-Programm: Über die lebhafte Via della Lungaretta gelangt man zur Piazza San Sonnino mit dem Geschlechterturm Torre degli Anguillara. Überqueren Sie den Viale di Trastevere, biegen Sie rechts ab in die Via della Luce, dann wieder rechts in die Via dei Genovesi zur ⟨5⟩ **Basilica di Santa Cecilia in Trastevere**. Die beliebte Kirche und letzte Ruhestätte der heiligen Cecilia wurde im 5. Jahrhundert auf dem Fundament eines kaiserlichen Wohnhauses gebaut, ihre heutige barocke Anmutung verdankt sie allerdings Umbauten im 18. Jahrhundert. Eines der Highlights: die Apsismosaiken aus dem 9. Jahrhundert. Gönnen Sie sich nun eine ausgiebige Mittagspause bei ⟨6⟩ **Le Mani in Pasta** (Via dei Genovesi 37), einer traditionellen Trattoria, die sowohl wegen ihrer Pasta als auch wegen ihrer Seafood-Gerichte gut besucht ist. Denn beim anschließenden Spaziergang, den Gianicolo hinauf und zum Vatikan, brauchen Sie etwas Energie. Zurück zur Piazza di Santa Maria in Trastevere, dann über die Via della Paglia und die Via Garibaldi zur Kirche ⟨7⟩ **San Pietro in Montorio** – einer Legende nach soll Petrus hier gekreuzigt worden sein. Im Innenhof des angrenzenden Franziskanerklosters kann man den kleinen Rundtempel Tempietto von Bramante bewundern. Weiter den Hügel hoch, vorbei an der beeindruckenden Brunnenanlage Fontana dell'Acqua Paola, über die platanengesäumten Passeggiata del Gianicolo zur Aussichtsterrasse ⟨8⟩ **Piazzale Garibaldi** mit dem Reiterstandbild Giuseppe Garibaldis und einem Traumblick über Rom – und an klaren Tagen bis zum Apennin. Auf dem malerischen Spazierweg Gianicolense passiert man unter anderem den Leuchtturm Faro della Vittoria, das Anfiteatro del Tasso und das Kloster ⟨9⟩ **Sant'Onofrio al Gianicolo** mit seinem sehenswerten Kreuzgang. Hier starb 1595 der Dichter Torquato Tasso. Am Ende des Gianicolense sind es nur noch ein paar Schritte zum Petersplatz.

Linke Spalte: Die beliebte Piazza di Santa Maria in Trastevere mit der gleichnamigen Kirche (oben). Im Caffè Lungara 1940 erleben Sie besonders herzlichen Service (unten).

Rechte Spalte: Antonio Ziantoni und Ida Proietti, die Köpfe hinter dem Restaurant Zia (oben). Der malerische Innenhof des Bed & Breakfasts Buonanotte Garibaldi (Mitte). Grandiose Gourmetküche in Christina Bowermans Glass Hostaria (unten)

ESSEN UND TRINKEN

FRÜHSTÜCK

10 Bar San Calisto
Piazza di San Calisto 3–5
Seit über 80 Jahren eine echte Institution im Herzen des Viertels. Hier scheint die Zeit stehen geblieben zu sein. Den Charme der Location erkannte auch Regisseur Paolo Sorrentino, der in der Bar San Calisto für seine wundervolle Rom-Hommage »La Grande Bellezza« drehte. Beliebt bei Locals, Studenten und Künstlern für einen starken Espresso am Morgen, aber auch für einen letzten Drink in der Nacht. Weiteres Plus: die günstigen Preise.

11 Le Levain
Via Luigi Santini 22–23
lelevainroma.at
Ein Hauch von Paris mitten in Trastevere. Im Angebot: köstliche französische Spezialitäten, vom buttrig-zarten Croissant über exquisite gefüllte Eclairs und sättigende »Croque Monsieurs« bis zum üppigen Pain au Chocolat. Der Auswahl hier kann man nur schwer widerstehen.

LUNCH

12 Da Enzo al 29
Via dei Vascellari 29
daenzoal29.com
Kleine, familiengeführte Trattoria mit klassischer römischer Küche. In den wärmeren Monaten sitzt man draußen auf dem Kopfsteinpflaster. Auf hochwertige, saisonale Zutaten wird hier großen Wert gelegt, es lohnt sich, die Pasta des Tages zu probieren. Und zur Vorspeise die »Carciofi alla Giudia« (Artischocken auf jüdische Art).

13 Zia
Via Goffredi Mameli 45
ziarestaurant.com
Der beliebte Koch Antonio Ziantoni, der unter anderem bei Gordon Ramsey lernte, hat sein erstes eigenes Restaurant eröffnet. Auf der Karte: eine geniale Mischung aus italienischer und französischer Küche. Tipp: Mit dem dreigängigen Lunch-Tasting-Menü (30 €) macht man alles richtig.

French Flair in Rom: Le Levain

DINNER

14 Glass Hostaria
Vicolo del Cinque 58
glasshostaria.it
Cool designtes In-Restaurant mit Michelin-Stern. Köchin Christina Bowerman (S. 108), die in Apulien geboren wurde und lange in den USA gearbeitet hat, zaubert raffiniert-kreative Fusion-Cuisine – auch die Weinkarte ist bemerkenswert. Ohne Reservierung geht nix!

Stylishe Einrichtung, aufregende Küche: das Restaurant Zia

Trastevere ist berühmt für seine malerischen kopfsteingepflasterten Gässchen

(15) Jacopa
Via Jacopa de' Settesoli 7
jacopa.it
Newcomer im Viertel: Jacopo Ricci und Piero Drago, die schon im Sternerestaurant Il Pagliaccio (S. 25) gemeinsam arbeiteten, haben im Erdgeschoss des Hotel Francesco eine gelungene und innovative Mischung aus Lokal und Cocktailbar eröffnet. Die Fleischgerichte sind sehr zu empfehlen!

(16) Taverna Trilussa
Via del Politeama 23/25
tavernatrilussa.com
Traditionelle Trattoria, die von den Brüdern Massimo und Maurizio geführt wird und vor allem römische Spezialitäten im Angebot hat. Zur Vorspeise sollte man auf jeden Fall »Mozzarella in Carrozza« – frittierten Mozzarella – bestellen und anschließend die »Ravioli Mimosi«.

DRINKS UND AUSGEHEN

(17) Freni e Frizioni
Via del Politeama 4–6
freniefrizioni.com
In der ehemaligen Autowerkstatt mit dem treffenden Namen »Bremsen und Kupplungen« trifft sich allabendlich das Feiervolk. Die Einrichtung: leicht in die Jahre gekommener Punk-Charme, ein gekonnter Mix aus Vintage und neuerem Design. Zum Aperitivo wird es hier meist richtig voll.

(18) Niji Café
Via dei Vascellari 35
Kleine angesagte Speakeasy-Bar mit gemütlichem Retro-Ambiente – ein echtes verstecktes Juwel. Die Cocktails sind lecker, die Barkeeper superprofessionell. Und das Publikum sehr gemischt – viele Stammgäste.

EINKAUFEN

(19) Pandora della Malva
Piazza di San Giovanni della Malva 3
pandoradellamalva.it
Eine kleine Schatzkammer, in der man nach Herzenslust zwischen kunstvollen Objekten stöbern kann: von außergewöhnlichem Schmuck über Muranoglas-Lampen bis zu Taschen und einzigartigen Vasen.

⟨20⟩ Roma Store Profumi
Via della Lungaretta 63
romastoreprofumi.it
Rom hat viele Parfümerien, aber diese hier versprüht ihren besonderen Charme. In den alten Holzregalen ist eine grandiose Auswahl an eleganten Flakons, von Byredo bis Floris, und an ausgefallenen Nischendüften drapiert.

KUNST UND KULTUR

⟨21⟩ Santa Maria in Trastevere
Piazza di Santa Maria in Trastevere
Schon die mosaikgeschmückte Fassade der ältesten Marienkirche Roms ist beeindruckend. Innen erwarten Sie Säulen aus den Caracalla-Thermen, eine vergoldete Kassettendecke und die Apsismosaiken von Cavallini mit Szenen aus dem Leben Marias.

⟨22⟩ Triumphs & Laments
Lungotevere Farnesina 7
Von der Ponte Sisto aus hat man den besten Blick auf das Kunstwerk des Südafrikaners William Kentridge. Auf einer Länge von 500 Metern hat der Graffiti-Artist über 80 gigantische Motive geschaffen, einige über zehn Meter hoch, die Szenen aus der Geschichte Roms zeigen. Kentridge bearbeitete dafür die aus Ebbe und Flut des Tiber entstandene Patina der Mauern.

RELAX

⟨23⟩ Orto Botanico
Largo Cristina di Svezia 23 A-24
web.uniroma1.it/ortobotanico
Natürlich gibt es beeindruckendere botanische Gärten als den nostalgischen, zwölf Hektar großen Orto Botanico zwischen Gianicolo und Tiber. Aber zwischen Palmenhain, Bambuswald und über 8000 Gewächsarten kann man toll abschalten.

SCHLAFEN

⟨24⟩ Buonanotte Garibaldi
Via Garibaldi 83
buenanottegaribaldi.com
Liebevoll geführtes Bed & Breakfast: In den warmen Monaten relaxt man im malerischen Innenhof unter Orangenbäumen. Die drei Gästezimmer sind von Besitzerin Luisa Longo stilvoll gestaltet. Lieblingszimmer: »Tinto« mit Wänden in zartem Grün, dazu Vintage-Möbel und kostbare Stoffe. DZ ab ca. 210 €.

INSIDER-TIPP DER CREW

MEINE TIPPS: EIN LANGER SPAZIERGANG DURCH DAS HIPPE BOHÈME-VIERTEL TRASTEVERE, APEROL SPRITZ UND PIZZA PARMASCHINKEN MIT BÜFFEL-MOZZARELLA AUF DER PIAZZA NAVONA, WO MAN NEBENBEI DAS HERRLICH CHAOTISCHE MARKTREIBEN DER ITALIENER UND DIE VERSCHIEDENEN STRASSENKÜNSTLER UM DEN VIERSTRÖMEBRUNNEN HERUM BEOBACHTEN KANN.

Miriam Harris
Flugbegleiterin

CHRISTINA BOWERMAN

Sie ist die coolste Küchenchefin der italienischen Hauptstadt: Christina Bowerman aus Cerignola in Apulien. Nach ihrem Abschluss in Rechtswissenschaften ging sie nach San Francisco, arbeitete als Grafikerin, und dann weiter nach Austin, Texas, wo sie einen Abschluss in Culinary Arts an der berühmten Pariser Schule Cordon Bleu erlangte. Im Jahr 2004 zog sie schließlich zurück nach Rom, hier begann ihre steile Gourmetkarriere. Anfangs kochte sie im Convivo Troiani, später in der Glass Hostaria in Trastevere (S. 104). In diesem In-Lokal entwickelte Bowerman auch den einzigartigen Stil, der ihr zum Michelin-Stern verhalf. Im November 2012 eröffnete sie dann in einer alten Alfa-Romeo -Werkstatt in Prati ihr Restaurant Romeo Chef & Baker, eine geniale Mischung aus Bistro und Bäckerei, 2015 folgte das Romeo auf dem Nuovo Mercato di Testaccio (S. 90).

WAS IST IHRE LIEBLINGSGEGEND?

Trastevere, aber ... am Morgen. Ich mag das leise Geraschel der Kinder, die im Garten der Vorschule spielen, ich mag die Geräusche der Marktverkäufer auf der **Piazza San Cosimato.** Ich gehe gerne an den verschiedenen Floristen in der Nachbarschaft vorbei und rieche an den Blumen, dann kaufe ich einen Strauß, den ich mit nach Hause nehme. Für mich ist es das schönste, in einer der Bars mit Blick auf die **Piazza di Santa Maria in Trastevere** zu sitzen, Kaffee zu trinken und Leute zu beobachten.

WOHIN GEHEN SIE GERNE ZUM FRÜHSTÜCKEN?

Ich liebe es, im **Barberini** (S. 92) in Testaccio zu frühstücken: bester Cappuccino und Croissant für unterwegs. Ich liebe die geschäftige Atmosphäre, ein bisschen wie in einem Bienenstock. Die Mütter plaudern miteinander, nachdem sie ihre Kinder in der Schule abgesetzt haben. Wenn ich ein ausgiebiges, reichhaltiges Frühstück haben möchte, besonders am Sonntag, gehe ich ins **Coromandel** (S. 24). Die besten Pfannkuchen in Rom!

AN WELCHEN ORTEN KANN MAN AM BESTEN ZU MITTAG ESSEN? HABEN SIE EIN LIEBLINGSGERICHT?

Meine Lieblingsplätze zum Mittagessen sind der **Testaccio-Markt** (S. 90). Bei **Romeo Chef & Baker** (Box 30/44) bekommt man Delikatessen, Panini, Pizzas und Suppen. Einen guten Salat und Saft bei **Zoé** (Box 59) oder einen leckeren Hamburger bei **TBSP** (Box 2). Und eine Scheibe Pizza alla pala in der **Casa Manco** (Box 22). Wenn ich mich für ein Restaurant entscheiden muss, dann würde ich wahrscheinlich **Flavio al Velavevodetto** (S. 93) wählen, hier gibt es die besten »Spaghetti Cacio e Pepe« (nach meinen, natürlich ...).

Den Markt an der Porta Portese sollten Sie nicht verpassen

IHRE TIPPS FÜRS DINNER?

Die wenigen Male, die ich zum Abendessen ausgehe, gönne ich mir gerne ein wirklich gutes, irgendwie exklusives Restaurant. Wie Sie sich vielleicht vorstellen können, lässt mir meine Arbeitsroutine nicht zu viele freie Nächte, deshalb ist es in diesem Fall immer ein besonderer Abend. Besonders gerne gehe ich ins **Il Pagliaccio** (S. 25), wo Anthony Genovese seine Magie entfaltet – es hat zwei Michelin-Sterne. Und ich mag neue Restaurants wie das **Zia** (S. 104), dessen Koch Antonio jung ist, aber gut.

DIE BESTEN ORTE FÜR EINEN LATE-NIGHT-DRINK?

Ohne Zweifel: **Drink Kong** (S. 70), wo Patrick Pistolesi Ihnen die köstlichsten Drinks in der Stadt mixt, in einem sehr coolen, hippen Ambiente. Hier trifft japanische Eleganz auf angesagten römischen Nobel-Style. Und lassen Sie Patrick einen Drink für Sie wählen!

GIBT ES IRGENDWELCHE PUBS ODER WIRTSHÄUSER, DIE SIE EMPFEHLEN KÖNNTEN?

Ich liebe das **Barnaba Vino e Cucina** (Viale della Piramide Cestia 45–47) und die **Enoteca Ferrara** (Piazza Trilussa 41, *enotecaferrara.com*), auch wenn das eher eine Weinbar als ein Pub ist. Und das historische **Il Goccetto** (S. 26) ist ein Ort, der einen nie im Stich lässt.

WAS SIND DIE BESTEN ORTE, UM IN DIE KUNSTWELT EINZUTAUCHEN?

Oh, in Rom ist es schwer, sich zu entscheiden ... Es gibt so vieles! Was Sie auf keinen Fall verpassen sollten: das **Vittoriano** (S. 78). Als ich das erste Mal nach Rom zog, war es mir fast zu gewaltig, aber jetzt liebe ich es, weil man von dort einen herrlichen Blick auf Rom und die Piazza Venezia hat. Auch die Ausstellungen dort sind interessant und wechseln oft. Die andere Tour, die ich empfehle, ist zu Fuß durch das Viertel **Garbatella** und durchs **Quartiere Coppedè** (S. 57) mit seinem markanten architektonischen Stil, nur wenige Touristen kennen es – im Gegensatz zu den vielen berühmten Meisterwerken, die die ganze Welt in Rom bewundert. Ich nehme mein Kind immer mit zum **Chiostro del Bramante** (Arco della Pace 5), dort gibt es auch einen Weg für Kinder und vereinfachte Versionen der Sicht und Arbeit des Künstlers. Und ich liebe die Kirche **San Pietro in Vincoli** (S. 71), so oft ich kann, gehe ich dorthin.

WELCHE SEHENSWÜRDIGKEITEN SIND EIN MUSS UND WARUM?

— Meine ganz offizielle Liste: **Villa Borghese** (S. 50), um die Zeit zu vergessen. Mieten Sie sich ein Ruderboot und lesen Sie dabei ein Buch – in Begleitung ganz besonderer Gäste: der Enten. **Villa Doria Pamphili** (Via di San Pancrazio) für begeisterte Naturfreunde und/oder für alle, die gerne in wunderschöner Umgebung joggen oder laufen. Der **Parco degli Acquedotti** (Via Lemonia 221) für einen besonderen Grillausflug, oder um mit Ihrem Kind draußen Ball zu spielen. Achten Sie darauf, wie die Sonne bei Sonnenuntergang mit den Ruinen der Aquäduktsäulen perfekt zu einem noch größeren Bogen verschmilzt. **Ponte Sisto:** Von morgens bis abends können Sie hier jeden Tag talentierten Sängern zuhören und dabei von einem besonderen Ort aus auf den Tiber gucken. Die **Piazza Navona:** Hier erleben Sie das beruhigende Geräusch des Wassers auf mindestens zwei Arten. Erstens mit offenen Augen. Bewundern Sie die Schönheit der umliegenden Bernini-Kunst und riskieren Sie dabei, dem Stendhal-Syndrom zu erliegen. Zweitens mit geschlossenen Augen. Berninis Vierströmebrunnen versetzt Sie in süße Schwingungen, als wäre er ein Wasserfall.

WAS IST DAS CHARMANTESTE HOTEL DER STADT?

— Das **Relais Le Clarisse** (Via Cardinale Merry del Val 20, *leclarissetrastevere.com*) ist ein wunderschönes Boutique-Hotel in Trastevere. Jedes Zimmer hat eine Frucht zum Thema, meine Lieblingszimmer sind Trauben und Zitronen. Natürlich mag ich auch Luxus. Und die Lage des **Pergola** (Via Alberto Cadlolo 101, *romecavalieri.com/de/la-pergola-de/*): Es gehört zum Rome Cavalieri Waldorf Astoria Resort, dem Hotel mit dem einzigartigsten Blick über Rom. Übrigens, sollten Sie die Möglichkeit haben, bei seinem Koch **Heinz Beck** (S. 58) zu speisen, dem einzigen Drei-Sterne-Koch Roms, zögern Sie keine Sekunde!

WO KAUFEN SIE GERNE EIN?

— Zwei Tipps: Schlendern Sie durch das wunderbare und einzigartige Viertel **Monti** (S. 63) und lassen Sie sich von der großen Auswahl an kleinen Boutiquen (auch Vintage) inspirieren, die der Stadtteil zu bieten hat. An den Wochenenden findet ein schöner Indoor-Markt

Lässiges Hangout: die Enoteca Ferrara

namens **Mercato Monti** (S. 70) statt. Und es gibt noch einen wundervollen Markt, den Sie auf keinen Fall verpassen sollten: den an der **Porta Portese** – jeden Sonntag von 6 bis 16 Uhr, am Rand von Trastevere.

WAS SIND IHRE LIEBSTEN VERSTECKTEN PLÄTZE DER STADT?

»La Vela« von Santiago Calatrava am Tor Vergata. Es ist ziemlich unbekannt und liegt in einer südöstlichen Vorstadtgegend von Rom. Eigentlich sollte es das Hauptsportzentrum der Schwimm-Weltmeisterschaft 2009 werden. Wie viele andere Bauwerke im Zusammenhang mit dieser Veranstaltung ist das Gebäude immer noch unvollendet und quasi verlassen. Man darf es nicht betreten, aber Sie können es aus der Ferne aus verschiedenen Perspektiven bewundern. Dabei werden Sie feststellen, dass es verschiedene Formen annimmt. La Vela di Calatrava ist ein Ort voller magischer Schwingungen. Wie das Licht an ihm abprallt ... Es verändert sich ständig, besonders bei Sonnenuntergang, wenn die Sonnenstrahlen das Segelgitter durchdringen und das Licht auf und ab springt. Es wird Sie völlig fesseln. Ein weiteres verstecktes und magisches Juwel ist die **Porta Magica** (S. 70) an der Piazza Vittori. Die Porta ist Teil der Ruinen der Villa Palombara – glauben Sie mir, sie ist mit Worten nicht zu beschreiben! Der **Giardino degli Aranci** (S. 90) auf dem Aventin, wo Sie ganz in der Nähe den Petersdom durch ein Schlüsselloch sehen können, es wird »Occhio di San Pietro« genannt. Leider ist der Giardino degli Aranci heute kein Geheimtipp mehr. Seit Paolo Sorrentinos Film »La Grande Bellezza«, der auch hier gedreht wurde, ist er sehr berühmt. Last but not least: das **Sepolcro di Eurisace** (Piazzale Labicano), der Panarium, auch »Tomba del Fornaio« genannt, im Stadtteil Esquilin an der Porta Maggiore. Dieses monumentale Grab, das ein Bäcker für seine Frau im ersten Jahrhundert v. Chr. errichtete, ist für mich ein Symbol für die vielen Widersprüche, die Rom manchmal grotesk wirken lassen.

GIBT ES EIN THEATER, DAS SIE EMPFEHLEN KÖNNEN?

Das **Teatro Eliseo** (Via Nazionale 183, *teatroeliseo.com*) und das **Teatro Vascello** (Via Giancinto Carina 78, *teatrovascello.it*) wegen seines ungewöhnlichen Programms.

WAS SOLLTE MAN IN ROM IMMER KAUFEN?

Auf jeden Fall eine Mischung, mit der man Amatriciana herstellen kann!

WO IN ROM ENTSPANNEN SIE AM BESTEN?

Auf dem **Gianicolo** (S. 102). Setzen Sie sich auf eine Bank, um den Sonnenuntergang zu genießen, am besten mit einer Flasche Wein.

GIBT ES EINEN SPA, DEN SIE EMPFEHLEN KÖNNEN?

Unter den zahlreichen und tollen Möglichkeiten der Stadt mag ich die **QC Termeroma** (Via Potuense 2178, *qcterme.com/it/roma*) am liebsten. Hier kann man wirklich mit allen Sinnen relaxen, Sie werden für ein paar Minuten, Raum, Zeit und sogar Ihr Telefon vergessen! Wenn Sie nicht so viel Zeit haben ... es gibt einige solche Oasen in der Stadt und eine davon befindet sich im **Hotel de Russie** (S. 38), nur wenige Schritte vom historischen Zentrum entfernt. Stark empfohlener Friseur: **Contesta Rock Hair** (*contestarockhair.com*). Mit großem Faible für Mode, Street-Life, Musik und Kunst versucht diese Crew, nicht nur den aktuellen Trends zu folgen, sondern auch neue zu etablieren. Lustige Stimmung, verrücktes Konzept, das meine Einstellung zum Unkonventionellen und zur künstlerischen Freiheit widerspiegelt. Ein Ort, an dem sich in cooler, moderner und ungewöhnlicher Atmosphäre um Sie gekümmert wird. Es gibt mehrere in Rom, ich empfehle die Salons in Pigneto und Testaccio.

1—Ponte Sant'Angelo
2—Engelsburg
3—Passetto di Borgo
4—Petersplatz
5—Campo Santo Teutonico
6—Old Bridge Gelato
7—Caffè delle Commari
8—Vatikanische Gärten
9—Il Sorpasso

10—Piazza Cavour
11—Il Simposio
12—Le Carré Français
13—Panificio Bonci
14—Banchina 63
15—Enoteca La Torre Villa Laetitia
16—Da Benito e Gilberto
17—Bukowski's Bar
18—Emerald's Independent Bar
19—Antica Manifattura Cappelli
20—Vatikanische Museen & Petersdom
21—Villa Laetitia

TOUR

8

VATIKAN & PRATI

Rom ist voll von großartiger Kunst, aber nirgends ist sie so konzentriert wie in der Vatikanstadt westlich des Tibers zu finden. Zum Gebiet des kleinsten Staates der Welt gehören neben dem prächtigen Petersdom mit seinem üppig geschmückten Inneren auch die Vatikanischen Museen, ein riesiger Komplex mit einer der bedeutendsten Kunstsammlungen der Welt – und der Sixtinischen Kapelle. Klar, viele der Restaurants und Bars der Gegend sind wirklich sehr touristisch. Doch wer ein bisschen durch Prati schlendert, findet durchaus Lokale, Bars und Feinkostläden, die ihre Gäste auf hohem Niveau verwöhnen und ausschließlich von Einheimischen besucht werden.

VON DER ENGELSBURG AM TIBERUFER ZUM PETERSPLATZ UND ZU DEN VATIKANISCHEN MUSEEN, ZUM SCHLUSS AUF DIE PIAZZA CAVOUR

Beginn ist an der Brücke ① **Ponte Sant'Angelo,** der schönsten Tiberbrücke der Stadt, die Kaiser Hadrian im Jahr 134 als Zugang zur ② **Engelsburg** in Auftrag gab. Berninis Schüler schufen die Statuen, die die Engelsbrücke schmücken. Ein paar Schritte weiter ragt wie eine Trutzburg die Engelsburg empor, die Kaiser Hadrian als Mausoleum für seine Familie errichten ließ. Später nutzten die Päpste sie auch als Festung. Ihren Namen erhielt sie im Jahr 590: Papst Gregor, dem Großen, erschien während der Pestepidemie dort der Erzengel Michael, der das Ende der Seuche ankündigte. Auch in Dan Browns Thriller »Illuminati« dient die Engelsburg, die heute das Museo Nazionale di Castel Sant'Angelo mit Gemälden und mittelalterlichen Waffen beherbergt, als einer der Schauplätze. So wie für Giacomo Puccinis Oper »Tosca«. Heute noch kann man den etwa 800 Meter langen ③ **Passetto di Borgo,** den in den Stadtmauern verlaufenden Fluchtweg von der Engelsburg zum Apostolischen Palast im Vatikan, an bestimmten Tagen besichtigen. Pius VII. floh auf diesem Weg vor Napoleon. Über die Via della Conciliazione gelangen Sie zum ④ **Petersplatz,** einem Meisterwerk Berninis mit den beiden halbkreisförmigen Kolonnaden, auf denen insgesamt 140 Statuen von Heiligen und Märtyrern thronen. Und zum monumentalen Petersdom (S. 118), in dem unter anderem Johannes Paul II. begraben ist. Halten Sie sich links, direkt hinter der Kirche liegt der von Schweizergardisten bewachte Eingang zum ⑤ **Campo Santo Teutonico,** einem kleinen Refugium, das deutschsprachige Besucher auch ohne Sondererlaubnis besuchen dürfen. Auf dem malerischen Friedhof wurden seit dem 14. Jahrhundert vor allem deutsche Pilger bestattet (täglich von 7 bis 12 Uhr geöffnet). Zurück auf den Petersplatz und durch die nördlichen Kolonnaden auf die Via di Porta Angelica zur Piazza del Risorgimento. Schnell eine Kugel Fior-di-Latte-Eis bei ⑥ **Old Bridge Gelato** (Viale dei Bastioni di Michelangelo 5), dann entlang an den Mauern des Vatikans, bis Sie links abbiegen in die Viale Vaticano, wo der Eingang zu den Vatikanischen Museen (S. 118) liegt. Wer statt Eis lieber Cornetto und Cappuccino wünscht: kurzer Schlenker nach rechts, in die Via Santamaura Nr. 22 ins ⑦ **Caffè delle Commari.** Tipp: Tickets für die Besichtigung der Museen unbedingt online kaufen, auch wenn sie vier Euro teurer sind, denn Schlangestehen ist mühsam. Wochenenden meiden! Auch lohnenswert: eine Tour durch die idyllischen ⑧ **Vatikanischen Gärten** mit ihren Brunnen, Grotten und Denkmälern – die Besichtigung ist nur im Rahmen einer Führung möglich! Hungrig? Zurück auf die Piazza del Risorgimento, auf die Via Crescentio in Richtung Tiber. Rechts in die Via Properzio, um bei ⑨ **Il Sorpasso** (Nr. 31/33) einzukehren. Gemütliches Ambiente, tolle Pasta, der Laden ist auch zum Aperitivo in! Jetzt auf die Via Properzio in Richtung Norden, bis zur Via Cola di Rienzo, rechts abbiegen, vorbei an einigen kleinen Boutiquen. An der Via Cicerone rechts abbiegen zur ⑩ **Piazza Cavour,** mittlerweile wieder ein beliebter Treffpunkt. Gönnen Sie sich zum Ende des Tages ein oder mehrere Gläser Wein in der cool gestylten Bar ⑪ **Il Simposio** (Piazza Cavour 16).

Im Uhrzeigersinn: Gabriele Bonci, Besitzer des Panificio Bonci. Engelsburg und Engelsbrücke am Tiber. Gut behütet: die Antica Manufattura Cappelli. Sterneküche in der Enoteca la Torre. Die riesige Kuppel des Petersdoms

Exquisite Küche in herrschaftlichem Ambiente: Enoteca La Torre

ESSEN UND TRINKEN

FRÜHSTÜCK

⑫ **Le Carré Français**
Via Vittoria Colonna 30
carrefrancais.it
Gelungener Mix aus Bäckerei, Bistro und Bar. Wer Lust auf französische Delikatessen hat, wird das Lokal garantiert glücklich verlassen. Die Croissants sind buttrig-zart, die Sandwiches delikat und der Espresso schmeckt auch noch.

LUNCH

⑬ **Panificio Bonci**
Via Trionfale 36
bonci.it
Etwa zehn Gehminuten vom Vatikan entfernt. Hier herrscht ein reges Kommen und Gehen: Viele Geschäftsleute der Umgebung gönnen sich eines der köstlichen Pizzastücke, für die die Bäckerei von Gabriele Bonci berühmt ist. Auch die Cornetti schmecken himmlisch. Achtung, manchmal muss man ein bisschen anstehen, aber es lohnt sich!

⑭ **Banchina 63**
Via Emilio Faà di Bruno 63
banchina63.it
Perfekt für einen leichten Lunch: Kosten Sie die verschiedenen Ceviche-Arten, den außerordentlich feinen Fischsalat oder die sagenhafte Suppe »Rosso di Mazara«, eine Tomaten-Ingwersuppe mit frischer Burrata, karamelisierter Zitrone und roten Scampis. Falls Sie den Vatikan am Nachmittag besuchen – das Banchina serviert auch einen wunderbaren Aperitivo und ein genauso wunderbares Dinner.

DINNER

⑮ **Enoteca La Torre**
Villa Laetitia
Lungotevere delle Armi 22
enotecalatorreroma.com
Elegantes, mit Michelin-Stern ausgezeichnetes Restaurant in einer herrschaftlichen Jugendstilvilla. Man speist zwischen Stuck, Antiquitäten und üppigen Blumenarrangements, auf der Karte stehen ausgezeichnete modern interpretierte Gerichte. Und auch die Weinkarte ist grandios.

Zergehen auf der Zunge: Macarons im Le Carré Français

⑯ **Da Benito e Gilberto**
Via del Falco 19
benitoegilberto.it
Noch ein weiteres grandioses Lokal für alle Meeresfrüchte-Lover! Das kleine, urige Restaurant besitzt seit Generationen eine treue Fangemeinde, die hier allabendlich speist. Versuchen Sie die frischen Austern zur Vorspeise und die Linguine mit Hummer als Hauptgericht.

DRINKS UND AUSGEHEN

⑰ **Bukowski's Bar**
Via degli Ombrellari 25
Kunst, kulinarische Kleinigkeiten und leckere Drinks, ganz in der Nähe des Vatikans. Hier herrscht gemütliches Bohemian-Flair: Ein gut gefülltes Bücherregal, die meisten Möbel sind Vintage oder stammen vom Flohmarkt, aus den Lautsprechern tönt Rockmusik. Beste Plätze: auf dem großen grünen Samtsofa. Und auf der Karte stehen zwölf verschiedene Arten von Spritz!

⑱ **Emerald's Independent Bar**
Via Crescenzio 91c
emeraldsbar.com
Ausgefallene, intime Cocktailbar mit exzentrischem Interieur: schwarz-weiß gekachelter Fußboden, rote Lampenschirmchen, marmorne Tischchen und Samthocker. Highlights auf der Drinkkarte – neben dem wirklich sehr großzügig gemixten Gin Tonic – »The New York Sour« und »Très Chic from Paris«.

EINKAUFEN

⑲ **Antica Manifattura Cappelli**
Via degli Scipioni 46
patriziafabri.com
Patricia Fabri kreiert in ihrem Atelier, eine der ältesten Hutmanufakturen Roms, ganz besondere Hüte, von tagestauglich bis herrlich exzentrisch. Ihre Kreationen sind auch auf Bühnen in der ganzen Welt zu bewundern, unter anderem in der Berliner Oper.

INSIDER-TIPP DER CREW

BEI EINEM GELDAUTOMATEN IM GEBIET DES VATIKAN KANN MAN SICH ANS GROSSE LATINUM ERINNERN. DORT KANN MAN LATEIN ALS SPRACHE AUSWÄHLEN. UND AUF DEM PETERSPLATZ GIBT ES ZWEI PUNKTE AM BODEN. VON HIER AUS KANN MAN JEWEILS NUR EINE DER DOPPELSÄULEN IM SÄULENBOGEN ERKENNEN. DIE PUNKTE SIND UNSCHEINBAR. DER EFFEKT, WENN MAN DORT STEHT, IST SEHR BEEINDRUCKEND!

Claus Harder
Pilot

KUNST UND KULTUR

⟨20⟩ Vatikanische Museen & Petersdom
Viale Vaticano, Piazza San Pietro
Für die wichtigsten Museen Roms mit ihrer Ausstellungsfläche von über 40 000 Quadratmetern sollten Sie sich auf jeden Fall einen Tag Zeit nehmen. Was muss man unbedingt gesehen haben? Die Laokoon-Gruppe im Museo Pio-Clementino: kunstvolle Skulpturen aus den Jahren 40 bis 20 vor Christus, die den trojanischen Priester Laokoon und seine Söhne darstellen. Die Stanzen des Raffael in den ehemaligen Gemächern von Papst Julius II., die 120 Meter lange Galleria delle Carte Geografiche mit kunstvollen riesigen Landkarten aus dem 16. Jahrhundert. Und natürlich: die Sixtinische Kapelle, für Papst Sixtus IV. erbaut und 1483 geweiht, mit ihren atemberaubenden Deckenfresken von Michelangelo, die sich um die Entstehung der Welt drehen. Hier wählen die Kardinäle im Konklave nach dem Tod des Papstes seinen Nachfolger. Achtung: Fotografieren ist im Raum streng verboten! Der schnellste Weg von den Vatikanischen Museen zum Petersdom: am hinteren Ende der Sixtinischen Kapelle durch den Gruppenausgang. Tipp: Steigen Sie unbedingt auf die Kuppel des Petersdoms – alleine wegen des gigantischen Ausblicks. Entweder Sie klettern alle 551 Stufen hoch oder Sie kaufen eine Karte für den Lift zur Aussichtsplattform – dann müssen Sie nur noch 320 Stufen erklimmen. Die Peterskirche hat wirklich gewaltige Ausmaße und ist die Heimat unzähliger Schätze und Kunstwerke. Was man sich auf keinen Fall entgehen lassen darf: Michelangelos Pietà – die trauernde Maria mit dem toten Jesus im Arm, den Baldachin von Bernini, die Bronzestatue des Petrus von Arnolfo di Cambio aus dem 13. Jahrhundert, deren Fuß schon von Millionen von Pilgern berührt worden ist. Und die Vatikanischen Grotten unterhalb der Kirche mit Grabmalen und Sarkophagen vieler Päpste. Sehr beeindruckend: das Petrusgrab unter dem Petersdom – nur im Rahmen einer Führung und mit monatelanger Voranmeldung möglich. Sie wollen den Heiligen Vater unbedingt aus der Nähe erleben? Papstaudienzen finden in der Regel mittwochs um 9:30 Uhr statt, für den Einlass ist allerdings eine (kostenlose) Einlasskarte notwendig (mindestens 14 Tage vorher bestellen, über *pilgerzentrum.net*).

Suite Giulio Cesare in der Villa Laetitia mit Bett von Fendi Casa

SCHLAFEN

⟨21⟩ Villa Laetitia
Lungotevere delle Armi 22
villalaetitia.com
Superpraktisch: Wer in der Enoteca La Torre (siehe S. 116) speist, kann hier auch gleich übernachten. Anna Venturini Fendi aus der berühmten Modedynastie hat die Villa mit ihren 20 Zimmern und Apartments sehr individuell und schick gestaltet, im »Black and White«-Room steht zum Beispiel ein Mies-van-der-Rohe-Sofabett aus den 30er-Jahren und ein Tisch von Ettore Sottsass, im Zimmer »Karl« hängen Skizzen von Karl Lagerfeld. DZ ab ca. 150 €.

Eines der Highlights im Vatikan: die berühmte Spiraltreppe, 1932 von Guiseppe Momo entworfen

SVEVA ALVITI

Sie gilt als einer der weiblichen italienischen Shootingstars im Filmbusiness: In der Rolle der legendären Chansonsängerin Dalida feierte das ehemalige Model Sveva Alviti im Jahr 2017 ihren großen Kino-Durchbruch. Danach stand sie unter anderem in der Komödie »Love Addict« und an der Seite von Jean-Claude van Damme für die Hauptrolle in »The Bouncer« vor der Kamera. Sveva Alviti wuchs in Rom auf, als sie 17 war zog sie nach New York und fing an zu modeln, damit sie die Schauspielschule finanzieren konnte. Sieben Jahre lang blieb sie im Big Apple. Heute hat die Schauspielerin ihren Wohnsitz wieder in der Ewigen Stadt.

WELCHES IST IHR LIEBLINGSVIERTEL?

Monteverde Vecchio im Südwesten der Stadt, dort wohne ich auch, in meinem Apartment. Warum ich es da so mag? Alle wichtigen Dinge befinden sich in der Nähe. Es ist ruhig und liegt auf einem Hügel mit tollem Blick über Rom. Und es ist nur fünf Minuten vom Zentrum von Trastevere entfernt.

WOHIN GEHEN SIE DORT GERNE ZUM FRÜHSTÜCKEN?

Es gibt in der Gegend wirklich viele tolle Orte zum Frühstücken. Aber die fast besten Croissants der Stadt bekommen Sie in der **Bar Gianicolo** (Piazzale Aurelio 5) in der Nähe des Grand Hotel del Gianicolo.

UND WAS SIND IHRE TIPPS FÜR DEN LUNCH?

Eines meines liebsten Restaurants ist das **Da Zi Umberto** (Piazza di San Giovanni della Malva 14), eine echte römische Osteria. Mein Lieblingsgericht? **»Carciofi alla Romana«.**

IHRE TIPPS FÜR DINNER-DATES?

Da kann ich Ihnen auf jeden Fall das **Roscioli** (S. 24) empfehlen! Die **»Cacio e Pepe«** gehören zu den besten Pastagerichten, die ich je gegessen habe ... und sie servieren noch so viele andere köstliche Dinge: römische Küche mit exquisiten Produkten.

WAS IST DER BESTE ORT FÜR EINEN LATE-NIGHT-DRINK?

Meine bevorzugte Bar ist der **Coffee Pot** in Trastevere (Via del Politeama 12, *coffeepotcompany.com*). Herrliche Atmosphäre, viele coole Römer – vor allem Künstler kommen hierher.

WELCHE SEHENSWÜRDIGKEITEN SIND IN ROM EIN MUSS?

Fangen Sie auf dem **Gianicolo** (S. 102) an, von hier aus können Sie ganz Rom sehen. Was für ein gewaltiger Anblick! Dann sollten Sie sich natürlich den **Giardino degli Aranci** (S. 90) angucken. Und auf dem **Aventin** (S. 89) bummeln, eine der wohlhabenden Gegenden der Stadt. Es ist cool, hier ein bisschen herumzulaufen.

WAS DARF MAN AUSSERDEM NICHT VERPASSEN?

Es ist ein echtes Erlebnis, ins Stadion zu gehen, um ein Fußballspiel zu sehen.

WELCHES IST DAS CHARMANTESTE HOTEL DER STADT?

Für mich das **Palazzo Dama** (Lungotevere Arnaldo da Brescia 2, *palazzodama.com*). Ein Boutique-Hotel im Zentrum von Rom.

WO KAUFEN SIE BESONDERS GERNE EIN?

Was ich am allermeisten liebe sind Uhren, vor allem Vintage-Uhren. Eines meiner absoluten Lieblingsgeschäfte für alte Uhren heißt **Vintage Watches Colonna** (Via dell'Orso 25, *vintagewatchescolonna.com*), es liegt mitten im Zentrum, ganz in der Nähe der Piazza Navona. Eine wirklich einzigartige Boutique. Und gleich in der Nähe gibt es ein cooles Lokal mit römischer Küche – perfekt für den Lunch.

GIBT ES EIN THEATER, DAS SIE EMPFEHLEN KÖNNEN?

Ich schätze das **Teatro Vascello** sehr (Via Giancinto Carini 78, *teatrovascello.it*). Ein kleines Theater in Monteverde Vecchio, das tolle Independent-Projekte auf dem Spielplan hat.

WO ENTSPANNEN SIE AM LIEBSTEN?

Wenn ich Ruhe brauche, gehe ich in den **Orto Botanico** (S. 107) im Herzen von Trastevere – ein ganz besonderer Ort. Oder in die **Villa Sciarra** (Viale delle Mura Gianicolensi 11), einen wunderschönen Park in Monteverde Vecchio.

BESCHREIBEN SIE DIE ATMOSPHÄRE DER STADT!

Rom ist meine Heimat, hier bin ich geboren. Die ganze Stadt ist ein Open-Air-Museum. Sie ist verrückt – und gleichzeitig strahlt sie Ruhe aus. Und die Lebensqualität ist sehr hoch.

Sie sind auf der Suche nach einem besonders stilvollem Geschenk? Schnell zu Booktique!

PAPILLONS
CLAN
Disneyland
WARHOL BASQUIAT
THE COMPLETE COSTUME HISTORY
LA CASA SULLA CASCATA
BOOKS IN ENGLISH
relax
THE PERFECT WINE CELLAR
ROME
DRAG
SPQR
MARY BEARD
Italian Chic
PARRO
This is Rome
Voyage à Rome
LOST GIRLS
GIVERNY MONET
HOT

WEITERE CITY GUIDES BEREITS ERSCHIENEN

① LUFTHANSA
CITY GUIDE PARIS

128 SEITEN

CA. 50 FARBFOTOS

€ 18,–

ISBN: 978-3-7667-2391-8

② LUFTHANSA
CITY GUIDE LONDON

128 SEITEN

CA. 50 FARBFOTOS

€ 18,–

ISBN: 978-3-7667-2393-2

DURCH DIE STADT MIT INSIDERN

③ LUFTHANSA
CITY GUIDE WIEN

128 SEITEN
CA. 50 FARBFOTOS
€ 18,–
ISBN: 978-3-7667-2446-5

④ LUFTHANSA
CITY GUIDE NEW YORK

128 SEITEN
CA. 50 FARBFOTOS
€ 18,–
ISBN: 978-3-7667-2392-5

Kaffee und Dolce mit Ausblick: das Caffè Colbert in der Villa Medici, die auf dem Pincio thront

S. 4: Toni Tirocchi / Antonio Saba
S. 7: Relais & Châteaux Palazzo Manfredi
S. 9: San Lorenzo Lodges / Giovanni de Sandre
S. 10: Shutterstock / canadastock
S. 12: Pie Alerts
S. 13: Serena Eller
S. 14: Shutterstock / Pajor Pawel
S. 15: Actionpress / Sipa Press
S. 17: Gianmarco Chieregato
S. 18: Antonio Saba
S. 23: Rechte Spalte im Uhrzeigersinn: Andrea Getuli, San Lorenzo Lodges / Giovanni de Sandre, Galleria Lorcan O'Neill, Danilo Falá (oben links), Serena Eller (unten links)
S. 24: Ryan Neeven
S. 25: Supplizio
S. 26: Society Limonta
S. 27: Dorothy Circus Gallery
S. 28: Andrea Getuli
S. 29: Serena Eller
S. 30/31: San Lorenzo Lodges / Giovanni de Sandre
S. 32: Hotel Hassler Roma
S. 34: Andrea di Lorenzo
S. 35: Mattia Panunzio
S. 39: Im Uhrzeigersinn: Laura Biagiotti, Andrea Veneri, Daniele Romano, Casa Montani, Shutterstock / S.Borisov
S. 40: Andrea Veneri
S. 41: Monica Leggio
S. 42: Hotel Hassler Roma
S. 43: Daniele Romano
S. 44: J. K. Place Roma
S. 45: Casa Montani
S. 46: Gettyimages / Getty Images Europe
S. 47: We Rise Studio
S. 51: Shutterstock / Alexander Demyanenko (oben links), Mattia Panunzio (unten links), Moma, Enrico Coletti, Aldrovandi Villa Borghese (unten rechts)
S. 52: Andra di Lorenzo
S. 53: 20MQ
S. 54: Shutterstock / Kalamurzing
S. 55: Nicole Fritz, www.mein-Rom.com
S. 56: Fernando Guerra
S. 57: Shutterstock / rarrarorro
S. 58: Alberto Blasetti
S. 61: Antonio Saba
S. 65: Im Uhrzeigersinn: Dario Garofalo, Mario Caponi, Dario Garofalo, Luca Della Valle, Alessandra Cardinale
S. 66: Dario Garofalo
S. 68/69: Dario Garofalo
S. 70: Alessandra Cardinale
S. 71: Villa Spalletti
S. 73: Tod's
S. 74: Tod's
S. 75: Tod's
S. 79: Im Uhrzeigersinn: Shutterstock / Aesthetic Photos, Shutterstock / ventdusud, Relais & Châteaux Palazzo Manfredi, Toni Tirocchi / Antonio Saba, Shutterstock / Marcomerry
S. 80: Vincenzo Tambasco Ph.
S. 81: Shutterstock / Istvan Csak
S. 82: Relais & Châteaux Palazzo Manfredi
S. 83: Toni Tirocchi / Antonio Saba
S. 84: Eugenio D'Orio
S. 86: Relais & Châteaux Palazzo Manfredi
S. 91: Andrea Getuli (oben rechts), La Romana (mitte rechts), Stefano Delia (unten rechts), Volpetti (oben links), Shutterstock / marcovarro (unten links)
S. 92: Ryan Neeven
S. 94: Andrea Getuli
S. 95: Shutterstock / Stefano_Valeri
S. 96: Gettyimages / Getty Images Europe
S. 99: Rocco Forte Hotels
S. 103: Aromi Group (oben rechts), Buonanotte Garibaldi, We Rise Studio (unten rechts), Shutterstock / GoneWithTheWind (oben links), Stefano Tiburzi (unten links)
S. 104: Andrea di Lorenzo für Slevin
S. 105: Aromi Group
S. 106: Shutterstock / Catarina Belova
S. 108: Emanuele Camerini
S. 110: Claudia Rolando
S. 115: Im Uhrzeigersinn: Arianna Giuntini / Mattacchioni Irene, Shutterstock / Vladimir Sazonov, Arianna Bonafede, Aromi Creativi, Shutterstock / Bernhard Ernst
S. 116: Aromi Creativi
S. 117: Carré Francais
S. 118: Marco Tassinari
S. 119: Shutterstock / SAHACHATZ
S. 120: Gettyimages / WireImage
S. 122/123: Daniele Romano
S. 126: Manfredi Gioacchini
Umschlag hinten: Relais & Châteaux Palazzo Manfredi

CALLWEY
SEIT 1884

Streitfeldstraße 35, 81673 München
buch@callwey.de
Tel.: +49 89 436 00 50
www.callwey.de

Wir sehen uns auf Instagram:
www.instagram.com/callwey

ISBN 978-3-7667-2445-8
1. Auflage 2019

DIE AUTORIN

Marianne von Waldenfels ist Autorin und lebt in München. Nach ihrem Volontariat an der Axel-Springer-Akademie und Stationen bei Gruner & Jahr und ProSieben war sie zehn Jahre stellvertretende Chefredakteurin der Zeitschrift ***Instyle.*** Zusammen mit Jennifer Dixon hat sie 2018 im Callwey Verlag das Modebuch Wir lieben Vintage veröffentlicht. Und 2019 die Lufthansa City Guides New York, London und Paris.

HINTER DEN KULISSEN

Bei der Entstehung des Buches brainstormte ich mit meiner Freundin Johanna, einer echten Feinschmeckerin, die die angesagtesten Restaurants, Foodtrends und natürlich DIE Köche in jeder Stadt kennt. So wie der Rest ihrer Familie. Innerhalb von kürzester Zeit versorgte sie mich mithilfe ihrer Geschwister mit phänomenalen Tipps. So kam auch das Interview mit Heinz Beck zustande. Freunde mit gutem Geschmack sind wirklich unbezahlbar!

Dieses Buch wurde in
CALLWEY-QUALITÄT für Sie hergestellt:

Beim Inhaltspapier dieses Buchs haben wir uns für ein LuxoArt Samt in 150 g/m² entschieden – ein matt gestrichenes Volumen-Bilderdruckpapier. Die gestrichene, matte Oberfläche gibt unseren Bildern den gewünschten Charakter und bringt die bekannte Callwey-Bildsprache optimal zur Geltung. Die Softcover-Gestaltung spricht für sich, hier kommt das Buch fast ohne zusätzliche Veredelung aus.

Dieses Buch wurde in Deutschland gedruckt und gebunden bei der Druckerei optimal media GmbH in Röbel/Müritz.

Viel Freude mit diesem Buch wünschen Ihnen:

Projektleitung:
Raffaela Reif
Lektorat:
Gabriele Hoffmann
Karin Heimberger-Preisler
Grafische Gestaltung:
Schmid/Widmaier,
Design und Kommunikation
Herstellung:
Oliver Meier
Korrektorat:
Franziska Sorgenfrei
Illustrationen:
Mateja Kovac